营销原点

刺激客户购买欲望的营销技巧

[日] 三浦由纪江　著　　俞聿舟　译

上海交通大学出版社
SHANGHAI JIAO TONG UNIVERSITY PRESS

图书在版编目（CIP）数据

营销原点：刺激客户购买欲望的营销技巧/（日）
三浦由纪江著；俞聿舟译. -- 上海：上海交通大学出
版社，2024.12 -- ISBN 978-7-313-31831-2

Ⅰ. F713.50

中国国家版本馆CIP数据核字第2024LJ4227号

营销原点：刺激客户购买欲望的营销技巧
YINGXIAO YUANDIAN:CIJI KEHU GOUMAI YUWANG DE YINGXIAO JIQIAO

著　　者：[日]三浦由纪江		译　　者：俞聿舟		
出版发行：上海交通大学出版社		地　　址：上海市番禺路951号		
邮政编码：200030		电　　话：021-64071208		
印　　制：苏州市越洋印刷有限公司		经　　销：全国新华书店		
开　　本：787mm×1092mm　1/32		印　　张：9.375		
字　　数：135千字				
版　　次：2024年12月第1版		印　　次：2024年12月第1次印刷		
书　　号：ISBN 978-7-313-31831-2				
定　　价：78.00元				

前 言

一年就让车站便当销售额涨了5000万日元!
钟点工主妇揭晓奇迹的服务业

"妈妈,你别每天游手好闲了,为什么不去找份工作呢?"被女儿这么一说,我在44岁时才第一次出去工作。

对辍学早婚后做了23年全职家庭主妇的我来说,这是迟到了23年的职场出道。

我开始在上野站的门店里卖起了车站便当。

我向顾客推荐便当的绝招是"第一人称销售话术(一人称セールストーク)"。

"我不太喜欢这个便当,因为有点干。这边这款肯定更好吃,您要不试试这款呢?"我亲口试吃便当后才做出推荐,赢得了许多客人的青睐。

尽管我只是钟点工，但我不想卖剩下的商品，所以我还负责订购面包。我订购了更多自己容易推荐且有自信可以大卖的商品，"我选择这些商品是因为我认为能大卖，所以我必须卖掉它们！"

在我全心全意的工作下，废弃商品的数量逐渐减少，且每日销售额增加了整整5万日元。

挑战订购车站便当时，我毫不犹豫地把自己的感性放在了第一位。

我增订了自认为好吃的车站便当，而尽量减少了不好吃的便当进货量。

就这样，门店的每日销售额增加了10万日元。

两年后，我当上了门店的店长，三年后，身为钟点工的我当上了8家门店的总店长。

上野站有很多没时间好好吃午饭的上班族。基于此，我改变店内布局，将饭团和三明治摆放在显眼的地方，为忙碌的上班族提供了便捷的取餐方式，使门店的日销售额又增加了5万日元。

有时，我还会把门店的开门时间提前。

2月份的时候，乘坐早班火车去滑雪的顾客会在门前一直等到6点半门店营业。

让顾客在寒冷的月台上等着，我也觉得很过意不去，而且我认为提前开店会增加销售额，所以我把营业时间提前了一个小时，在这一个小时里，销售额增加了10万日元。

当我能随心所欲地改变营业时间后，门店销售额在一年内增长了22%，达到3 300万日元，我的店也成为上野站最畅销的商店。

工作的第六年，我从钟点工变成了合同工。第九年，我通过了员工录用考试，最后成为JR东日本集团旗下日本餐饮企业（NRE，原日本食堂）的全职员工。

44岁开始做钟点工的我，在52岁成了正式员工。

刚开始做钟点工时，我从未想过自己会成为一名正式员工。

然而一年之后，又有一个惊喜在等着我。

我竟然被选为大宫营业所的所长。

不久前的我还只是个钟点工阿姨，且只有一年的员工经验，却在那时突然变成了管理人员，负责管理包括正式员工、钟点工和兼职人员在内的120名员工。

您听说过这样的事吗？

我一开始还觉得这人事够草率的。

起初我很困惑，犯了无数错误。

但我将自己在当家庭主妇和做钟点工时掌握的技能运用到了管理和产品开发中，努力克服了种种困难。

大宫站的"车站便当专卖店"位于一座名为"Ecute大宫"的商业设施内，周围有寿司店、便当店和熟食店等许多实力强劲的竞争对手。

在这种情况下，为了吸引顾客的注意，我们必须售卖有吸引力的车站便当。

我与当地的一家车站便当厂家合作，开发了新的车站便当。

我走到当地供应商的厨房，仔细品尝，明确表示"这个好吃"或"这个不好吃"。

起初，他们一定很惊讶，因为我区区一个家庭主妇居然在饮食方面不断向专业的车站便当供应商挑刺。

但为家人和朋友做了20多年家常菜的我对自己的味蕾很有信心。

此外，我从小就喜欢吃饭和做饭，所以我对食物的要求也不比别人低。

最重要的是，我有努力销售各种类型的车站便当的经验。

我觉得，在打开便当的一瞬间，我所感受到的灵感肯定比车站便当供应商更敏锐，比如"这样的便当卖不出去""这样的便当更容易推销"。

因此，我坦率地告诉他们我的想法，比如"这个不好吃"或"这个便当不好卖"。

车站便当的供应商们也认可了我对工作的热忱，说："既然三浦女士这么坚持，那我们就去做吧。"

作为生产者的车站便当供应商和作为销售者的我在经过充分的商讨之后，最终推出了非常好的商品。

由于设计出了大量精致的当地车站便当，我当上营业所长后的1年内，门店总体销售额增加了5 000万日元。

现在，每年的销售额都超过10亿日元。

我44岁入职，如今（2009年）已有12年了。

我在门店的客户服务销售、产品采购、人员培训、管理和产品开发方面积累了很多经验。作为一名家庭主妇，一切对我来说都是初次经历。我尽己所能拨开迷雾，奋斗至今。

我唯一的座右铭就是"工作必须高兴地做"。

回想起来，我始终是从"如何让我愉快地、安全地、轻松地工作"的角度来对待我的工作的。

从结果上来说，如果身边的顾客和员工都能愉快、轻松地工作，那么我就也能愉快、轻松地工作，所以我尽自己最大的努力去取悦身边的人。

我更喜欢与客户像朋友一样交谈，所以我积极地与顾客搭话。如果身边有心情不好的员工，自己也不会开心，所以我从一大早就逗大家开心。

为了减轻个人的工作负担，我会将工作量分配给全体员工。我甚至还开发了更容易向顾客推荐的车站便当。

这些为了取悦自己的行为正好满足了顾客的需求，促成了我的工作成果。

我绝不是一个特别的人。

我不是个认真的人，也不是总是为他人着想的正人君子，也有很多缺点。

没有学历、没有工作经验，年龄也大，但这些都没有关系。

重要的是不要给自己设限。

"我什么能力都没有……"

"都这把年纪了……"

如果你这样想，就什么事都做不成。

44岁的我第一次开始做钟点工时，除了"大学辍学"，我的简历上什么都没有。

如果你想工作，并觉得自己能做些什么，就先努力做好你现在能做和应该做的事情吧。

你付出努力的事物都将成为一份很好的经历，也一定会在你迎接新挑战时助你一臂之力。

当机会来临时，请勇敢地迈出第一步。

只要你记得"工作必须高兴地做"，你就能在这个新世界里展现自己的能力，蓬勃发展。

在这本书中，我将讲述我在这疾风怒涛的12年工作经验中的心得体会。

如果能为读者们提供帮助，将会是我的荣幸。

三浦由纪江

2009年10月

目 录

序　章

44岁才开始找工作！

工作真开心

全职主妇→养三个孩子→44岁 第一次工作

我从44岁才开始做卖车站便当的钟点工。

在那之前，我已经做了23年的全职主妇。

自从21岁在校结婚后，我从来没有出来工作过。

不是我不想工作，而是我的丈夫比较守旧，他不太想让我在外面工作。

当我想在家里为朋友的孩子开个电子琴班时，也遭到了他的反对。他还不让我出面经营他的个体生意，理由是："你待人太挑剔了，不适合接待客户"。

于是，我除了帮丈夫记记账，或者偶尔去银行跑跑腿，就专心做家庭主妇，外出工作的愿望也就逐渐消失了。

当然，另一部分原因是我忙于养育我的三个孩子（现在我的大儿子34岁，大女儿31岁，二女儿28岁）。

孩子小的时候，我像追着他们一样打扫卫生。

准备饭菜也需要时间。我还积极参加了学校的家长会活动。

然而，当孩子们上初中后，他们的房间就不那么乱了，家务大约两个小时就能做完。不仅是家长会活动，需要家长出席的活动也逐渐减少了。

当最小的二女儿开始上初中后，我就突然闲了起来。我开始和与我情况类似的邻里主妇朋友们一起喝茶吃饭。有时我们会认真思考自己的未来，说："我们这样下去，不就太浪费人生了吗？"

"我们别每天游手好闲了，不如出去做做钟点工吧？"

"但你家里会让你出去工作吗？"

如此的生活过了三年，二女儿终于成了一名高中生。

就在那时，我的大女儿对我说：

"妈妈，你别每天游手好闲了，为什么不出去工作一下呢？"

她就给了我一份介绍兼职的杂志。

也许是因为她上了大学以后白天在家的时间增加，看不下去我整天在家里什么都不做的生活了。

对于大女儿来说，她可能是不想整天在家被妈妈碎碎念，因此希望妈妈能出去走一走，释放一下压力。

但大女儿的那句"为什么不出去工作一下呢"，让我觉得现在是最后的机会了。杂志的兼职招聘要求申请者的年龄为"40岁左右"，而44岁的我正处于"四舍五入40岁"的最后一年。

问题是我丈夫会不会点头，好在我的大女儿说服了他。

"与其让妈妈在家里整天游手好闲，还不如让她出去工作一下呢，再说家里也不是那么有钱。"

父亲对女儿总是言听计从，他说"好吧，但是只能上白班啊"，便同意了。于是我在44岁的时候才终于得到了工作的机会。

但我对钟点工提出的条件是 "提供制服，地点在骑车10分钟的 距离内"

我翻着大女儿给我的兼职杂志，寻找符合我条件的 地方。

没有制服，我就得穿自己衣服上班，与周围的女性 攀比时装是够麻烦的。有了制服，我就不用担心上班穿 什么了。

工作地点在骑车10分钟的距离内也是一样的理由。

如果我要坐电车上班，我就得注意自己的穿着。

但骑自行车，我就可以像平常一样穿着牛仔裤和T恤衫上下班了。如果穿西装和高跟鞋，只会让我觉得累。

我在JR上野站挑选了三家店：立食荞麦面店①、咖啡店和车站便当店。从我家到上野站，骑自行车只需7分钟，而且所有门店都提供制服。

起初，我想去荞麦面店。但我的妹妹和大女儿都反对我说："大碗很重，要洗的碗也很多，会很累的。而且上菜和饮料的时候，你肯定容易打翻！"她们推荐我去车站便当店："车站便当店只要卖便当就可以了，你也能做的吧！"

在妹妹和大女儿的主导下，全家开了个会，决定让我去车站便当店当钟点工。

_____

① 立食荞麦面店：站着吃的荞麦面店。

有生以来第一次对简历头大!
没东西可以写

    虽然我已经下定了决心,却无法下定决心去打电话求职。

    自在校结婚以来,我一直是全职主妇,鼓不起勇气去找有生以来的第一份工作。

    几天后,当大女儿问我"你应聘了吗?"时,我仍然没有打电话。

    大女儿就拿起电话,拨通了杂志上的号码,然后递给我说:"来!"

电话突然被递到了我手里时，我慌了，但电话那头的人已经接了，我不得不说话。

"不、不好意思，我已经44岁了，还能应聘吗？"

由于招聘广告上要求年龄在40岁左右，我担心会被拒绝，还好电话那头的人回答我说可以。

那天晚上，我有生以来第一次写了简历。

每写错一次字，我就去买一份新的简历，重写了好几张。

然而，当我在学历一栏写下"大学辍学"之后，工作经历一栏就什么都没得写了。

没办法，我只好写了"为我丈夫的个体经营记账"和"银行交易工作"。虽然只是跑腿的，但我想至少写一点，也许会给人留下我可以干活的印象。

在资格证那一栏里，我唯一能写的就是我的普通机动车驾照。

我不知道这样的简历能不能过关。在最后，我实话实说地写道：我养育儿女的时光已经告一段落了，因此希望通过工作充实自己的人生。

面试是一对一进行的，我被问及经历、爱好和家庭地址。

我还被问到"接待客人时微笑也是很重要的，你能笑笑看吗"，我只好尴尬地眯眯笑了一下。

我已经尽力而为了，只能等待结果。

出乎我的意料，我居然被录用了。

就这样，我来到了JR上野车站的门店，当上了时薪800日元的车站便当钟点工。

我依然记得，那是1997年3月底，真的是很晚的职场出道。

从第一天开始就慌了，我是一个机械盲

我本想着"不就是卖个车站便当嘛，我也行！"，但当我第一天学习如何使用收银机时，就被吓傻了。

我本以为收银机是手动输入的，结果到我手里的居然是一支读取条形码的手持收银机。

我是连家用录像机的条形码预约都没用过的机械盲，因此，当我看着眼前这台有一大堆操作按钮、正在哔哔响着的机器时，我不禁开始怀疑我到底能不能用好这家伙。

经验丰富的销售员可以瞬间完成的计算，刚上岗的我却需要用计算器。

"牛肉便当、鸡肉便当、啤酒和果汁，合计……"

冷静下来计算很简单，但在顾客面前就不一样了。

我一急，大脑就会一片空白，无法心算。

这种不安的状态持续了大约两天，但三四天后我就习惯了这份工作，并喜欢上了与顾客和其他销售人员聊天并推销商品。

每件工作对我来说都是新鲜的。

我想尽一切办法来帮忙，比如整理货架，把商品放到显眼的地方，把店里从上到下打扫得干干净净。

我周围的大多数人都对我说："无论干多少，工资都是一样的，省省力吧。"

我的钟点工同事也对我说："三浦女士，你再怎么努力，公司的人也不会表彰你的，你反倒吃亏啊！随便应付应付就行了。"

确实，无论销售额是否增长，每小时的工资肯定还是800日元。

但难得的工作机会，我不想就呆呆地等待工作时间结束。

　　既然选择了工作，就要付出努力，这才更有乐趣。我想要用自己满意的方式工作。

　　于是，我开始考虑如何让工作更有趣。

　　所以我喜欢忙碌的门店。顾客不断涌入，令人忙得没有时间喘口气的工作肯定会更有趣。

工作人员的一句话，塑造了我的工作观

那是我开始做钟点工大约六个月之后的事。

门店出售的便当会在凌晨四五点后送达车站。然后，公司的配送专员会把便当送到每个门店，并摆放在货架上。

那时候并没有特定的摆放方式。

所以，是否要把便当摆放整齐就只是专员的心情问题了。

好好摆放的人也有，随便一摆就走的人也有，真的是什么人都有。

其中有一个人，连摆都不摆，直接就把便当堆成个小山就回去了。我经常对那个专员提意见，但至少我还会在开店之前把便当摆整齐。

直到有一天，我终于忍无可忍了。

我为了让公司员工看看配送专员的工作有多糟糕，便把堆成山的便当就那么放着了。

早上7点半左右，进来的工作人员惊讶地喊道："三浦女士，这是怎么了？"

"你看看啊，这就是那个专员，整天就这么乱堆。"

"但你还有时间摆齐的吧？"

"有是有，但那不是我的工作。你好好教育教育那个专员啊！"

"那你就打算让顾客在这种状态下买便当吗？"

"那又不是我的错啊！"

我这么一还嘴，员工就说道：

"三浦女士，你不该在工作上找借口啊！"

我非常委屈，气得一肚子火，心想："我要辞掉这份工作！"但当我回去时，头脑逐渐冷静下来。

"确实是我不好……我工作得那么努力、那么开心，今天为什么要为那件事而撒手不管了呢？"

我为自己的行为后悔不已，这有悖于我开心并努力工作的风格。

同时，我也反思把自己的感受放在了顾客的感受之前，完全没有考虑到顾客的感受，让他们选购到了糟糕的便当。

这次经历让我再次意识到，无论别人是否在看，我都必须尽最大努力做自己满意的工作！

最重要的是，我开始站在对方的角度思考问题。

我开始思考如果我是顾客，我会希望得到怎样的服务，并将其实践到工作中。

这件事对我的工作观产生了巨大的影响。

几天后，之前提醒我的那位工作人员笑着说："没有三浦女士还真不行。三浦女士在的时候，便当都会被摆得很整齐。以后还都得指望你了。"

这位工作人员总是非常仔细地观察着我的日常工作成果。

我需要做的不只是摆放便当。

每次顾客购买便当后，货架上会出现空位，因此需要店员不断整理。

然而，许多店员并没有这样做，导致大多数门店的货架都乱七八糟的。

那位员工一定是知道我总是在店里走来走去，并努力地重新摆放货架上的货品。

听到有人说"只有三浦女士才能做到"，我感到非常高兴。

就这样，我全身心投入了工作，积累了很多经验，也学到了很多东西。下面就让我来具体介绍一下吧。

第一章

让只是来逛逛的客人

分分钟就想买的

「5秒待客术」

让初次见面的人也想买的
"第一人称推销术"

　　我在44岁才开始工作，工作内容是在JR上野站卖车站便当。

　　我向客人推荐便当时的杀手锏是"第一人称推销术"。

　　"这个便当的肉有点干，我不太喜欢。那个便当的肉既多汁又好吃，尝尝吧！"

　　"这个便当包装太土了根本卖不出去，但是味道真的很不错，欢迎品尝！真的很好吃的！"

"这个便当的海鳗又软又美味！虽然有点贵，但是一分价钱一分货哦！"

像这样，我用自己纯粹的感想和喜好，以亲身体验向客人推荐便当。

一开始我只向脸熟的常客这么推荐。

"那个不怎么好吃啊，不如试试这个哦！"

"哎哟？销售员怎么能说不好吃啊？"

"唉，我说的都是实话。与其买那个，还不如试试这个呢，这个好吃。"

结果客人们都开始说"三浦女士上次推荐的便当真的好好吃啊，这次有什么推荐的吗？"并多次来我这里买便当，并成了我的回头客。

于是我就对其他客人也用上了"第一人称推销术"。

比如卖相不好的或是包装设计不好看的便当，我一旦发现它们其实也很好吃，就会向客人推荐："这个便当卖相是不好，但是您尝尝，味道是真好啊！"

于是客人也会一边说"卖相确实不行，但要是好吃的话我也买一份试试吧"，一边买下便当。

虽然说是第一人称推销术，但我也不是只推荐我喜欢的品种。和我味觉偏好不一样的客人也有很多，这种时候我就说："我虽然不喜欢××的口味，但是听说好这口的人都特上头！"

于是客人就会说："我也不喜欢××，多谢提醒。"或者是"我最喜欢××了，给我来一份吧！"

为什么我要制定工作人员也能
试吃便当的机制？

世上没有人能把自己没体验过的事像体验过似的说给他人听，但介绍自己体验过的东西绝对更轻松、更有说服力。

最重要的是，怎么能仅凭想象就把自己都没吃过一口的便当卖给客人呢？这可多失礼啊。

50岁之后，我加入了JR东日本推出的"成人的假期俱乐部①"，经常用俱乐部12 000日元3天畅行的打折新干线车票出门旅行。灵活运用旅行时试吃车站便当的经验，可以拓宽推销话术的套路。

比如，如果有客人说："我现在要去米泽。"

那就可以向他建议："那您可以在去的新干线上吃新潟县的新潟酱炸猪排饭，返程的时候吃米泽的牛肉正中饭啊！在站前的便当店里买牛肉正中饭的话，人家会给你刚出锅的热饭哦。"这就是只有亲临过现场的我才有的强项。

当然了，如果没有实际品尝过的话，第一人称推销术就名不副实了。

我还是钟点工的时候，就会时不时地自己买便当尝尝味道，花了不少时间把店里所有的车站便当都吃了一遍。

对时薪800日元的钟点工来说，1份1 000日元或是1 500日元的车站便当可以说是奢侈品，不是天天都可以买得起的。自然而然地，能吃的便当的数量也就有

---

① 成人的假期俱乐部：日本铁道公司推出的福利，即满50岁以上的俱乐部会员可享受很多坐电车、新干线等的优惠。

限了。

但这样就没法向客人展示所有便当的真正魅力。

自从我当上了大宫营业所所长后，就开始制定给工作人员分配车站便当的制度。工作人员只要付点所得税就能试吃便当。作为交换条件，我让他们在调查问卷上写下便当的印象和味道。

钟点工和兼职人员也能有每个月1到2次的试吃机会，如果有必要的话，随时都可以申请吃想吃的便当。

这么一来，大家都有了卖便当的精神。

他们能推荐自己觉得好吃的便当，热情和说服力都比以前上了一个台阶。结果，顾客也非常容易接受，便当销售量激增了，店也火了。

有一次订货时出了错，只有大量的烤肉便当到了货。

我心里默默想着今天下班前这估计卖不完了吧，就给打工的男孩子吃了一盒，并说："今天吃这个烤肉便当吧！我们加油把这堆卖完！"

结果他在下班前居然就把所有的烤肉便当都卖完了。

他说："真的好好吃啊！我想着绝对要把它们全卖完，结果真的一口气清仓了。"

给所有员工都试吃便当虽然会增加公司成本，但是卖得更多，最终公司的盈利也会上涨，今后也要继续贯彻该制度。

如何卖光1700日元的海鳗棒寿司

刚开始用第一人称推销术的时候，还发生过一件事。

有一款售价1700日元的海鳗棒寿司真的很好吃，但是由于价格昂贵，卖相也不行，一直卖不出去。

但我觉得："软软的海鳗满满地装了一大盒！多么奢侈！多么好吃！"于是从某天起，我给自己定了个目标："试试1天就卖3份吧！"当时我打算努力一个星期，实在卖不掉就每天少订一份。

于是，我每次看到好说话的人就凑上去推荐："海鳗软软的很好吃哦！绝对值 1 700 日元哦！"

"这一份有两人份的量，切一刀夫妻一人一半绝对管饱，筷子也给您多放一份哦！"

结果这款寿司没多久就卖完了。

几天后的下午，我一如既往地向走进店内的一位 60 岁左右的男人推荐道："要不要试试海鳗棒寿司呢，很好吃哦！"

结果那个客人突然指着海鳗棒寿司说："啊！就是你！给我推荐这个的！"

我还以为会被怨"卖我这么贵的玩意儿！"吓得浑身一抖。

没想到客人却说："哎呀，太好吃了。实在太好吃，我又来买了。今天是买给我福岛的妈妈的。"

"是这样啊。那代我给您母亲捎个话，这个寿司真的很好吃的。"

听我这么一说，客人就笑笑："哎，我妈都在坟下面了。给她供供，最后吃的还是我。"

听了这话，我又喜又哀，心头一热。

怎么卖没吃过的车站便当？

　　有时我还得卖连我自己都没吃过的刚发售的新产品。很遗憾，这种时候就不能用第一人称推销术了。

　　但作为店员，总不能对客人说："我没吃过这个便当，所以不知道味道如何。"

　　这种时候就需要琢磨一下推销的方法了。

　　比如，对于受到其他客人好评的便当，可以说："之前有其他客人夸过这款便当。"

　　但要是连这种基本信息都没有的话，就可以说：

"我也吃了很多便当了，但这款还没吃过呢。之后想着绝对要吃的，您要不在我之前先挑战一下？"

"这款便当是今天才新出的，很抱歉我还没吃过。但是看着很好吃啊，要不在我之前尝尝？"

不知道为什么，我这么一说，就经常有人买。

我常被朋友捉弄说："三浦姐你张嘴，让我看看你到底长了多少根舌头啊？"实际上，我一想着要卖货，脑海里就会自动浮现推销的话术。

但是我对推荐说在我之前先尝尝的客人都会多加一句：

"如果不好吃，您就打公司电话找我三浦，我负责帮您投诉他们。"

就这样，我常常一边开玩笑一边倾听客人的感想和意见。

"这个肉很好吃""炖菜的味道太浓了""颜色不太好看"等，这些坦率的意见对销售者和生产者来说都是很重要的信息。

而我就可以对认为"这个肉很好吃"的客人说"这个便当的肉更加好吃哦"，对表示"炖菜的味道太浓了"

的客人说"这个便当整体的味道就比较淡"。

这些对话就成了客人在我的店里选购便当的契机。

积累回头客对增加门店销售量是非常重要的。

"要不要再来瓶茶呢？""啤酒一瓶就够了吗？"

卖便当时，推销饮料的手法也很重要。

常常有店员不断地推销"来瓶茶吧""来个这个吧"，我不太喜欢这种强行推销各种商品的感觉。

很久以前有个店员，客人明明没买茶，她却一脸理所当然地把茶装进了袋子里说："一共1 150日元。"

客人说："我没买茶呀？"

"你没茶怎么吃便当啊？"那个店员居然就这么强卖了。

这种手法容易招致吵架或是投诉，因此即使能卖出去，我也对这种销售手法深感疑惑。

换作是我的话，我就会说："要不要再来瓶茶呢？"

不是"来瓶茶吧"，而是"要不要再来瓶茶呢？"，把选择权交给客人自己。

这么一来，很不可思议的是，客人往往会说着"哦，好啊"，就把茶也一起买了。

对只买了一瓶啤酒的客人，我一定会说："1瓶够吗？"

"客人，您就只喝1瓶吗？不买2瓶吗？够吗？"

我这么笑着一说，3人中总会有1个人说："你真会讲话，那就再给我1瓶吧！"

就算客人回答"1瓶就够啦"，我也不会变脸：

"那等会儿不够了，您就找列车上的漂亮姐姐再买1瓶吧！"

听我这么一说，大多数客人都会忍俊不禁。

甚至有客人说："没想到来买个便当居然能有这么好笑的对话。"

对我来说，让客人会心一笑很有意思，所以客人的笑容会让我的工作也变得愉快。

不知不觉中，取悦客人的推销术对我来说也变得理所当然了。

因为我与客人谈得太欢，时常有同事问我："三浦女士，刚才那个客人是你熟人吗？"其实，我与大多数客人都是初次见面。

尽全力去享受工作，逗客人开心，和客人宛如熟人一般谈笑变成了我的待客风格。

让客人打开便当时回想起购物体验的"收尾辞"

从家庭主妇的角度来说，1 500日元的车站便当是很贵的。

如果客人买4人份的这种便当就得花6 000日元。我常想着，这客人真有钱啊。

但是，花这么多钱买这么贵的便当，我就认为一定要让他们吃得开心、吃得美味。

所以，在客人选好便当拿去收银台的路上，我还会继续我的推销话术。

"这个便当真的很好吃的，在车上您一定要细细品尝。"

"在家里吃的话，用微波炉热一下更好吃哦。"

"您要去温泉啊？真好啊，我也好想辞了工作去一趟啊。"

这么一说，客人在打开便当盒的时候，就会想起购买时的情景。

想起和我的对话，客人就会觉得那个阿姨好搞笑啊，然后就会微微一笑，便当就更好吃了。

当然，就算我收银的时候一言不发，也没人会因此放弃购买。但即使如此，如果让他们感觉"那个阿姨好没劲啊"，就会毁了他们快乐的吃饭时间。那时，再好吃的便当都会黯然乏味吧。

既然客人买了这么贵的车站便当，那么在他前往收银台的这段时间里，我把气氛炒热也算是理所应当的服务。

但其实我做钟点工时，并没想着用甜言蜜语为客人服务，更没算计着用这种对话来逗客人开心。

说真的，我就是觉得和人讲话很开心，所有才每次都聊到最后。

　　现在想想，这些对话就是让客人觉得买得开心的"收尾辞"，让客人的满足度更上一层楼。

便当的味道，会随着呈递方式而改变

我相信便当的味道会随着店员将其递给客人的方式而改变。

这里的呈递方式，不仅仅是把便当递到客人手里那一瞬间，而是从客人进店起的一声"欢迎光临"，到将便当递给客人手里的这一系列动作。

便当能变得难吃，也能变得好吃，就看你怎么待客。

听闻此言，工作得热火朝天的女强人妹妹反问我说："便当的味道怎么会因为店员待客和递便当的方式而改变呢!"

确实,便当本身的味道是不会变的。

但是人的心情会影响人的味觉。

就算是不好吃的便当,带着"卖这个便当的阿姨真有意思啊"的心情愉悦地享用的话,就不会觉得那么难吃。

反过来,一边想"那个阿姨拉着个脸,看着真够难受的"一边吃的话,客人就会想着"那个阿姨居然卖我这么难吃的便当"而一肚子火。这就会导致遭到投诉。

对不怎么笑的员工就这么相处

让客人觉得更好吃的呈递方法，当然还是笑容。

为了用更好的笑容待客，就要让自己享受工作。能享受工作，就不用想着"先翘起嘴角"也能自然地摆出笑容了。

对于不能用笑容待客的店员，我就会帮她们在工作时感到快乐。

比如，我会建议她们"就当门店是舞台，你试试像主演一样演戏呢"，或是鼓励她们"能笑着待客，那做什么工作都不怕啦，待客可是所有工作的基础呢。"

有时，我还会对员工说笑话，逗她们笑。

其中最有效果的方法还是"像玩游戏一样卖便当"。

我在心里给自己定个任务"这个便当要在××小时里卖掉××个"。

这样，在把便当卖掉的时候，心里就会产生一种"任务完成啦！"的成就感。

"下一个任务，卖掉××个别人卖不掉的便当。"像这样，逐渐给自己提升游戏难度，就能开心地工作了。或者是向旁人提议"我卖鸡肉饭，你卖便当吧！我们比比谁先卖完！"邀请旁人加入游戏。

然后，我们就会一边卖便当一边下意识地观察彼此的待客方法，心里想着"又在推销鸡肉饭了""卖个便当真够卖力的"，就会渐渐地开心起来了。

事实上，就有一位女性兼职人员，一尝到卖出车站便当时的成就感和趣味，就开始自然地笑起来了。她平时一直是一张苦瓜脸，让她用笑容待客，她却睬都不睬一下。

然而有一天，她就像换了个人似的和朋友谈笑风生。

"哎，你怎么笑得那么欢啊，平时明明一直是一脸不高兴的样子。这么讨厌这个工作，还不如早点辞掉，专心和朋友去玩呗。"我一边和她开玩笑，一边心想："她不是也能笑的吗，怎么样才能让她用那种笑容去待客呢？"

最后得出的结论还是："果然还是得让她们开心地工作"。

于是我等着时机的到来。

一看到她卖掉了便当，我就马上凑上去说："你把便当卖掉的时候，是不是感觉很有趣啊？不要忘记那个感觉啊！"

于是她说着"好的"，并笑了一下。

从那以后，她也会用笑容待客了。

无论是谁，在实际感受到卖便当和工作的快乐后，就都能笑着站在店里待客。

不靠待客指南却当上了副店长的员工

待客方法没有具体的规定，到最后还是各个店员自己想应该怎么办，创造出自己独创的待客风格。

其实我本身就不喜欢待客指南。虽然待客措辞等最低限度的知识还是需要的，但我也不想使用"实在抱歉""遵命"等过于谦卑的措辞。也许有的人适合用那种措辞，但也会有人不适合。

一开始，有个店员表示"我不知道怎么推荐啊"，就那么傻站着。我给她示范了一遍我的做法，然后让她自己尝试。后来，她一步步地当上了大店的副店长。

她待人文静，一眼看上去不像能胜任工作的样子，但是顾客就是愿意买她推荐的商品。

这是因为她有自己独到的待客风格。

如果我指责她"你说话得干脆利落点"，那她估计就会勉强着去改变自己了。

那样她就无法享受工作，更无法露出笑容，也就不可能成为一名优秀的店员。

重点在于"找到能让自己轻松工作的待客风格"。这样就能超越待客指南。

待客指南只有5条

曾有人想把我的待客法做成指南手册，但我拒绝了。待人说话需要因人而异，这是指南手册无法做到的。

但是，总结工作时的基本心得还是有必要的，于是我制订了只有5条内容的手册。

1. 在5米之外就开始观察客人的进店状态

我经常一边蹲着打扫展示柜的凹槽，一边观察走近门店的客人。

一直站几个小时会很累，但要是一直坐着，又会被人当成在偷懒。

但蹲着擦擦展示柜的凹槽边角就不会被当作偷懒。既能休息，又能打扫，还能观察客人。

2. 招呼客人后的5秒内不要讲话，观察客人看向哪边

观察客人的视线有没有停留在某个便当上，或是到处转转，看客人对什么便当感兴趣。

只要知道了客人的喜好，就能知道该推荐什么便当，然后就容易搭上话了。

比如，可以向看着牛肉饭的客人推荐："牛肉饭真的很好吃哦！这边这个炭火烤肉也很好吃的！"

对犹豫不决的客人则可以说："您是不是有点犹豫啊？我可以为您介绍一下哦。"

3. 搭话的时候，不能停下手头的工作

店员可以一边整理架子上的商品，一边抱着瓦楞纸，或者是一边往冰箱里放饮料，总之应该自然地靠近客户并搭话："如果您在犹豫的话，我推荐这个便当哦。"

冒昧地走上前询问："您在找什么便当啊？"会使客人感到警惕。

4. 基于自己的经验和体验进行推荐

5. 享受工作，微笑待客

4、5两条就是前文所述的内容。我递给员工的待客指南就只写了这么几条。剩下的就是"靠自己的语言去待客吧，不知道怎么搭话的时候，我去做个示范，你在旁边看看。"

第一次看到我待客的工作人员大吃一惊。

"为什么三浦女士你推荐的便当总是百发百中、人人都买啊？"

"我会观察客人在看哪里，以此推荐他们可能想买的便当。"

"你是怎么一下就知道的啊？"

"你再干个三年，就能像我一样一眼就看得出来了。"

只要他们一成功，我就立刻夸奖：

"好厉害啊，我花了三年才学会的，你居然一下就会了！厉害！"

这么重复以后，员工们就都开始寻找自己的待客风格。

说到底，你想去每个员工都只会说同一套说辞的店里吗?

反正我不想。工作人员各有个性,这样的店才更有魅力。

图片：三浦所长在上野站门店工作

第二章

1天营业额上涨10万日元！活用了主妇直觉的「不浪费」进货法

为什么钟点工能负责面包进货业务？

　　成为钟点工的1年后，我开始着手门店的进货工作。

　　当时我在JR上野站3楼的30号店（现在是车站便当专卖店上野分店）工作。

　　那里是上野站最大的店面，打扫收拾等工作永远干不完，对喜欢忙碌的我来说是很中意的店。

　　里面的商品主要是面包、饭团、三明治，而车站便当只有50份左右。

　　我在那里一边卖商品，一边开始注意到一件事。

每个种类的面包、饭团都只会进数量基本一致的货。

比如说，袋装的面包每天进600个，面包有20种，每种进30个。

如果每天能卖完所有的面包，或卖不完的当天丢弃，第二天摆上新面包的话，我也没什么意见。

但是，袋装面包的保质期有3天，必须卖到第三天傍晚。

结果客人就会拿到旧面包。面包放置时间一长，就会失去鲜度和美味，给客人留下不好的印象，回头客数量也将因此减少。

熟客知道要"从里面拿"，总会选购放在里面的新面包。

有一天，我想着"怎么可以卖变了味的面包啊！这种面包卖不掉了，扔吧！"，就把离保质期还有一段时间的面包从架子上撤下来了。

结果公司的员工大怒："你在想什么啊！这些面包还能卖，你好好卖啊！"

"凭什么要卖变了味的面包！既然要卖，你不会在进货时计算一下，尽量避免每天剩余啊！"

有的面包确实放久了也能吃。

比如豆沙馅面包，放了两三天味道也不会变。

但是放了一天的菠萝面包、咖喱面包就不好吃了。

"多进点放了3天也不会变味的面包不就好了？"

我如此阐述了我的意见。

结果，我得到了意外的回答："那三浦女士你自己来干干？"

"我只是钟点工，可以干进货吗？"

当时，车站便当之类的商品进货是事务所的进货专员一把抓的。货到了以后，就把成堆的商品进行大致分配，例如"几号店给几个，几号店给几个"。

就这样，我干上了进货业务。

往进货单上记入30号店一星期的面包数量，交给进货专员。然后专员再把其他店的进货单加上一起进货。这样一来，我订的面包才会被送到门店里。

以面包进货为契机，店里其他的商品也逐渐交给我进货了。

与上司的正面对决，造就了"去上野时要提防三浦！"的传说

钟点工居然能向正式员工提意见和建议，这通常是无法想象的。在开始的一个月里，我也什么都没敢说。

但是说真的，大家都认识到了这个问题，都希望可以改善一下。我们几个钟点工聚在一起时总是说："怎么滞销便当和畅销便当的进货数量是一样的呢，总觉得有问题啊。""怎么不多进点畅销便当呢？"

当话题进展到"那我们去给公司提意见吧？"时，大家都认为"说了也不会听我们的""说了也白说"，因

此没有人去行动。

尽管有人最后下定决心去反馈一线情况，也还是被公司无视了。

有的员工说："就一个钟点工，怎么还这么多事。"有的员工嘴上说知道了，但什么都不做。

正因如此，难得有人想提意见，也会认为说了也没用而放弃，再也不提什么意见了。

但我不一样。

和一般员工说了确实没用，于是我直接去和最上面的分店长正面交涉。

那可是1938年创业，旧国铁时代以"日本食堂"闻名，员工总数约1 600人的大企业的分店长，我这么一个钟点工阿姨去找他提意见，旁人一看估计会觉得我很有勇气。

但我当时并不知道公司有多大，分店长有多厉害，也觉得与我无关。

比起那个，"我说的话一点都没错"的自信和"想改善自己的工作环境"的想法更占上风。

于是我毫不畏惧地畅所欲言了一番关于公司结构、

商品、钟点工与公司内勤营销的关系等的种种看法。

一股脑儿全说完后，我问道："我有什么地方说得不对吗？"

"就是因为没什么问题，所以我才很为难啊！"

"那我等一两个月，请你们改善一下吧。"

都搞不清谁是上司了。就这样，我结束了与分店长的谈话。

后来才听说，分配到上野的员工都会被告知"到了上野提防点那个三浦！"，来上野出勤第一天都会战战兢兢地试探我到底是什么人。

但多亏我一直在提意见，公司也渐渐向好的方向转变了。

1天营业额上涨10万日元！把进货工作交给各个店长后发生的改变

　　虽然面包进货业务被交给了我，但说真的这业务真是够累的。

　　业务内容就是每天记录已售面包种类、确认售出量和进货量的差距，以此决定下次的进货数。但是畅销面包一增订就滞销，而滞销面包一减订就畅销，非常头疼。

　　有一次，我向把进货业务交给我的公司员工诉苦："我明明很努力了，但就是搞不好啊。"

那人就笑了："三浦女士，这是进货员永远的难题，你只要拼命做就足够啦。"

听闻此言，我释然了。

就在这么跌跌撞撞的摸索中，我突然想道："为什么不多进点自己方便推荐和有自信推荐的商品呢？"

既然是自己方便推荐的商品，就算多进了点，我应该也能卖掉。

事实上，从刚才的视角出发的话，一种"我觉得它能卖得出去才选了它，一定得卖掉"的责任感就会涌现，我也比之前卖得更努力了。

结果，因滞销而被丢弃的商品大大减少，每日营业额还涨了5万日元。

我这才明白，就算和数据大眼瞪小眼也搞不好进货业务。

不参考在一线工作的店员的感受的话，是无法提高进货效率的。店面的位置不同，畅销商品也完全不同。

这些经验让我在挑战便当进货时毫不犹豫地把自己的直觉放在了第一位。

增订自认为好吃的便当，减订不好吃的便当。

就这样，每日营业额涨了10万日元。

所以，在后来的上野营业分店总店长时期和大宫营业所所长时期，我都实行了让各店长决定进货数量的机制。

就算是60岁的钟点工，我也让他们在自己的店里订自己想要卖的商品。

一开始，总有人说太难了不会做。

我就对那些人说："你不是嫌商品总是卖不出去吗？现在可以卖自己喜欢的东西了，没有什么比这更好的了吧？"

对于含糊的回答，我就会说"没事的，你可以的"，一边鼓励他们，一边让他们去尝试。

他们实际做了以后，就能马上发现进货的诀窍。

把进货业务交给一线店长以后，营业额又上涨了。

比起卖被公司塞到手上的货，不如钻研怎么卖掉自己觉得卖得掉的商品，那样店员才会更开心。

当店员预测失误而无法卖掉商品时，我就会说："不是自己觉得能卖出去才进的吗？为什么没卖出去呢？"

"对不起，我已经尽力了，但是……"

"今天就算了，没事的，我知道你平时也一直很努力。"

于是店员就会暗下决心"下次一定要卖完！"，从而更加努力。

为什么说只凭数据进货就无法掌握一线情况?

摆着架子坐在桌前的"专家"声称,要想高效进货,就必须做ABC分析(即把在库列表中的商品按销售额的高低分成ABC三类,从而进行高效重点管理)。但我觉得只看数据并不能做好进货业务。

比如说,数据显示某个商品连续数日畅销。

只看数据的人就会认为"每天都卖光的话,这肯定就是人气商品啦",于是就接着增订了。

但对一线的人来说,这其实可能是本来卖不出去的商品，无可奈何之下只能拼了命地去卖才总算卖光的。

事实上，我在上野站中央检票口的59号店工作的时候，就有过这种事。

便当是有保质期的。滞销的临期商品会被周转到售罄的店或是畅销的店，以尽可能地卖掉全部便当。为了减少废弃便当，这是不可或缺的手法。

在59号店的时候，新干线月台门店那边的便当就经常被周转到我这里来，还总是牛肉便当。

明明还有很多其他种类的便当，但不知为何总是只有牛肉便当会聚集到我店里。

于是我就去找新干线月台负责进货业务的公司员工说："牛肉便当卖不掉啊！"

"三浦女士，但是数据上显示很畅销啊，根本就没有被丢弃的。"

"那不是理所当然的嘛！是我拼命在卖才没有被废弃！但是，每次都只有牛肉便当卖不完，然后被周转到我这里来啊，下次少进点。"

卖保质期只剩30分钟才周转进来的便当真的很累人，如果是不去宣传也能卖掉的人气商品也就算了，但每天都有滞销货周转过来，我就只能去提提意见了。

纸上谈兵就会导致这种问题。

数据确实是必要的，但是不看一线情况也就看不到销售的本质。

营业额骤涨！"三浦式进货笔记"的秘密

把进货业务交给店长时，我一定会让他们记一个笔记。

内容是一天内每种商品卖掉了几个。这是我当初做面包进货时的笔记的进化版。

我从最开始的门店工作到营业所所长，一直都在记这个笔记。

在记这个笔记之前，我是参考公司的销售数据来做进货业务。

但是，公司的数据里不仅有各商品的销售数量，还有各商品的销售时间等详细资料。

一日份的表格都有五六张，数据量实在太庞大了，想保存一个月或者一年的量都够繁杂的。

当然，时间线数据确实值得参考，但也不值得保存。

我想保存的是"哪种商品每天各卖出去了几个"的数据，即便当卖出去几个，饭团卖出去几个，三明治卖出去几个，面包卖出去几个这种单纯的数据。本着"我想要更易懂的数据！"的想法，便开始做起自己的笔记。

笔记里面不仅有每天便当、寿司、饭团、三明治、面包的销售数量，还有天气、门店情况、自己觉得有问题的地方。

开始记这个笔记以后，公司的销售数据变成了每月清除一次。我只会保存黄金周或三连休之类重要时间段的数据，其他的我就记在自己的笔记上了。

提升店长干劲的方法

　　我自己做的挺顺利的，于是就把笔记给刚开始学习进货的店长们看："学着这个做吧。"

　　对店长来说，进货业务和记笔记都是平时钟点工业务之外的工作，于是我给他们每个月都发了一定额度的店长补贴。

　　一开始我把进货业务的时间算作加班，但是有人在家用电脑做进货表，也有人一直耗着时间犹豫不决，还有人毫不犹豫一眨眼就做好了。

　　把这个业务算作加班的话，在家工作的人就会亏了，工作越慢的人赚得越多，这也是很不公平的。

于是我把这一律算作店长补贴。实行这个补贴以后，员工的干劲也上来了。

能卖自己喜欢的东西，还能有店长补贴，士气上涨也是理所当然的。

彻底减少废弃便当的机制

推行高效进货机制的同时，我还策划了减少废弃商品的机制。

便当一天进5次，第二波便当进来的时候，有些店可能还没卖完第一波便当。

这时，将已经卖完前一波便当的门店的"第二波便当"和没卖完的门店的"第一波便当"互换一下就好。这就是我考虑的机制。

简单来说，就是把离保质期时间近的便当拿到我的店里去卖。

这种时候我会说："没事的，我这的店卖得好，第一波交给我这里吧。"

总之，这种说法就是类似"不是你没有销售能力或是没有干劲，只是碰巧待在了销量不好的店里而已。我运气好，待在了客人最多的店里，交给我吧。"

这样就不会伤害对方的自尊。而且，由于我不会收到临期便当，就可以有充足的时间把它们卖完。于是，废弃便当的数量也就减少了。

为了确保便当能在各个门店之间高效分配，我在上野设计了一种方法来实时监控各门店的便当销售情况。

当门店的工作人员拿着通话机汇报"×号店，××便当卖光了"时，这个信息就会同步到所有门店。然后，他们就可以考虑应该去哪个门店换哪种便当了。

在上野站这样有多家门店的车站，能够在不同门店之间周转商品是非常重要的。

如果我们知道A店的烤肉便当有剩余，而B店的烤肉便当却卖完了的话，就可以把A店多余的便当分配给B店。

如果做不到这一点，多余的便当就会被丢弃，这既低效又浪费。

我刚开始做钟点工时，商品的周转并不顺利。

店里的销售人员打电话稍有迟缓，他们就会说现在已经出去配送了，即使我现在拜托周转，他们也送不过来。

对于正在待客而无法打电话的店员来说，这只会变成"即使他这么说，当时我太忙了，也没法打电话。现在终于告一段落了，为什么却不能给我送过来呢？"

要想经营好门店，就不能没有商品卖，所以店员都很急。

因此，这个通信系统能够有效解决这些问题。

然而，也不能图安逸地觉得"卖不出去就把它转给别的门店好了"。

如果这样做，滞销的商品就会堆积在最畅销的门店里，吃亏的只会是那些门店的工作人员。

事实上，我就曾有一段时间处于这种状态里。

因此，我禁止将不太卖得出去的便当轻易转给其他门店。

第一波和第二波的便当可以换，但我规定一般情况下自己进的便当就要自己卖掉。

当然，我没有说"不能周转"，而是告诉他们："如果你们已经竭尽全力才放弃的话，即使离保质期只有10分钟，我也会去卖掉的。所以，让我们努力到最后一刻吧。"

后来，每个人都意识到："自己进的货就得自己卖掉。"于是就开始认真卖货了。

三明治销售额上涨了五番，
同比增长 140%！

一线视角拯救萧条店

最近的一次经历让我意识到了一线视角的重要性。

当我被派去就任大宫营业所所长时，就听说了 4 号店的搬迁项目。但看到门店图纸时，我惊呆了。

图纸设计者完全不了解销售以及店内情况。

一场恶战由此拉开序幕。

距离 4 号店开业只有三个月了，施工安排也已经做好。我被告知不能做任何改动，但我还是尽可能多地提出了一些要求。

例如，我把柜台改成了可以出入的样式，以及由于地板太高，店员只能俯视客人，我重新对其进行了设计，使其勉强够低。此外，我还更改了展示柜的放法。

我真的很想彻底地更改，但我只能做这么多。

开业当天，顾客不少，但他们来了就走。

因为他们无法从外面看到店员和店内的情况。

当天，我就想着要把挡住橱窗的木制面包架换成开放式陈列柜。在JR大宫站东口的门店（现已关门）里就有一个多余的陈列柜。

如果叫物流来搬的话，得等三四天。

"与其等，我们还不如自己搬！"

我们等不及卡车，就用个手推车把它们从横跨JR大宫站所有轨道的大荣桥上运过去了。

三个年轻的男工作人员花了一个小时才把开放式展柜搬完。

与此同时，我还察觉到了离店顾客的需求。

"我们这里缺的……不就是好吃的三明治吗？"

如我所料。

三明治销量惊人，平均每日销售量从40个涨到了200个。三明治一火，新4号店的商品也开始大卖了。

事实上，几乎所有员工都对搬迁持观望态度，认为销售额下降在所难免。

新干线检票口旁边的店被搬到了最里面，门店面积被缩小成三分之二，之前用的办公家具也放不下了，由于没预算，所以只能用之前的二手设备。

然而，新店出乎大多数人的意料，销售额同比增长超过100%。

当我们换了更擅长进货的店长以后，销售额同比增长了140%。

这就是商店发生变化的瞬间。

我认为，成功的原因在于我们坚持从一线视角出发展开交涉，并在门店开张后立即实施了我们的想法。

图片：车站便当大会

第三章

「什么，我当所长？

怎么可能啊！」

我是如何在担任所长的第一年就将便当销售额提高5000万日元的？

一句"只说不做"的批评，
引导我走向提议型的发言

1999年，我被任命为上野30号店的店长，这是我第一次升职。

当时我46岁，已经当钟点工整整两年了。

2001年，我被任命为"总店长"，负责上野站8家门店的人才培养和门店改革改善工作。这是一个责任重大的任务。

在此之前，还没有总店长这一职位，钟点工担任这一职位也是绝无仅有的。

　　任命我担任总店长的是当时的分店长。

　　分店长刚到上野赴任时，就对我说：

　　"我认为三浦女士说的都对。但一直只说不做。"

　　听到这些话，我才意识到。

　　在此之前，我嘴里围绕门店的改革和改善都只是抱怨。我只是说了自己想说的话，然后以身边员工嫌麻烦当借口，没有采取任何行动。

　　这些一针见血的意见让我决定为自己说过的话负责。

　　我决定不再向对方倾诉不满或是意见，而是提出建议，比如"这样改进如何？""这里就请这么搞吧"。

　　例如，门店通常是两个人轮班，但在某些时段，一个人就可以完成。

　　这种时候，以前的我会说：

　　"你既然抱怨收益不足，就不该在闲散时段安排两个人啊，减少一个人不就好了。"

　　但就算我这么说，员工也无能为力。

我一个人工作可能没问题，但其他人就可能觉得一个人干不了。因此，我们不能轻易减员。

所以我换了种说法：

"我向其他时间段的值班人员了解了情况。他们说这段时间一个人就能做，所以请改进一下轮班吧。这样我们就可以减少一点人工成本了。"

这才可以让员工容易接受，从而去考虑改进他们的班次。

将年销售额提高3 300万日元的两种方法

我开始思考怎么提议才能按照自己的想法改进门店，自己还能做点什么。

例如，上野站有很多上班途中的顾客，他们并没有慢慢吃便当的时间。

针对这些顾客，我们决定在货架上摆放面包和三明治。

我们将原来用来摆放饮料的空间改为摆放饭团和三明治，并将饮料移到后面去了。

把饭团和三明治放在容易看到的地方后，上班路上的顾客就能更容易挑选商品，从而使每日销售额增加了5万日元。

我们偶尔还会延长门店的营业时间。

每年2月，乘坐早班火车去滑雪的顾客都会在寒冷的过道里耐心地等待门店的开门时间（早上6点半）。

看到这种情况，我觉得让顾客在如此寒冷的地方等待很过意不去。我想如果我们能早点开门，销售额就会增加。

提前一小时开业后，我们有时一小时内就能卖出10万日元。

这样做既收到了来自顾客的感谢，又增加了门店的销售额，我也越来越喜欢我的工作。

我按自己想法大力改造门店后，门店的年销售额增长了22%，换算成金额就是3 300万日元。

这里也变成了上野站所有门店中销售额最高的店。

我之所以能采取这些行动，就是因为我上司的那一句："你只说不做。"

他的这句话是我之后人生发生重大变化的契机。

没能通过第一次员工晋升测试！

心里充满懊恼

我人生的另一个转折点出现在49岁那年。

我从钟点工销售员变成了合同期为一年的合同员工。

在此之前，我一直是合同期两个月的钟点工，眼睁睁地看着年轻的钟点工和兼职人员都成了合同工。

通常只有20多岁的人才会被提拔为合同工。

看到这种情况，我感到很沮丧，心想："我都快50岁了，再怎么努力也不会有回报的。"

但我并不服输，便继续努力工作。

最后，我的上司变成了那位指出我"只说不做"的分店长。

那位分店长认为我的工作做得很好，就把我提拔为合同员工。

我当然很高兴，但我的工作内容和钟点工完全一样。

我开始领取月薪，而不是时薪，但我当时的时薪是1 200日元，所以总额没什么变化。

我不像正式员工那样有奖金或退休福利。

但自从我成为合同工后，情况发生了很大变化。

做了一年合同工以后，我就会有机会参加员工考试，成为一名正式员工。参不参加考试是自由的，但我认为这是一个好机会，于是就去参加了。

然而，结果是不及格。

因为我本来很自信，所以非常沮丧。但考虑到我已经50岁了，这可能并不奇怪。

我甚至也认为，像我这样的阿姨能把钟点工的本职工作努力做好就行了，根本没必要晋升为正式员工。

但是，一位与我同时参加员工考试并通过了的年轻员工被分配到了上野，我在教她工作时心里确实很不平衡。

不过，当时的经历成了我现在工作的基础。如果那个时候我顺利通过了考试，我可能会成为一个很难相处的人。

第二年我继续做合同工，一年后我又有了参加员工考试的机会。

但是，如果我在50岁时都无法通过考试，51岁时就更不可能了。我只会再次受挫。考虑到这一点，我第二年没有参加员工考试。

下一年，我也决定继续做合同工。

"还不如回去当钟点工"
这一句话激励了我

52岁成为正式员工

我之所以决定在52岁时再次参加员工考试，是因为我面临着合同工期满的问题。

合同工的任期是三年，而那年正好是第三年。如果不转为正式员工，我就得再次成为聘期为两个月的钟点工。

但我依然不认为52岁的自己能通过考试。

同时，我也很自负地觉得自己比那些员工做得更好，因此我绝不接受被降级为钟点工！于是，我找当时的上司谈了谈。

我本以为会得到这样的答复："我会和公司商量，争取让你再做一年合同工吧。"

但上司却说："你回去做钟点工不就好了。"

这番话让我下了决心。

"我凭什么要回去做钟点工啊？我还有很大的潜力。我已经准备好了放手一搏！"

带着这样的想法，我第二次参加了员工考试。

员工考试的题目包括阅读理解与汉字成语等一般教育与时事问题，以及计算成本所需的小学高年级水平的算术难题。

此外，还有关于公司理念和经营方针的问题，以及关于劳动标准法的简单问题与作文。

其内容就是从给出的四个题目中选择一个写一篇小作文。

最后就是面试。

虽然我没有专门去学习，但我觉得自己的笔试成绩还不错。然而，由于两年前我参加同样的考试时没有合格，所以我一点都没有通过考试的信心。

但我第二次员工考试居然及格了。

我自己也很惊讶，因为没想到会通过。但说实话，我很高兴得到了公司的认可。

2006年1月，52岁的我终于成为一名正式员工。

成为正式员工后，
我的认识发生了变化

就算成了正式员工，我的工作也没有发生变化。

和合同工的时候一样，我一边管理着上野的8家门店，一边当公司的内部销售人员。

但是，当我被授予员工称号后，我对工作的认识也在一点一点地发生变化。上司还告诉我"你不能一直当钟点工山大王当到底啊"。

我说话腔调变了，对待钟点工和兼职人员的方式也变了。

我不再像做钟点工、合同工时那样，根据自己的好恶看人，而是开始根据工作表现和成果看人。

我也开始更加关注店里的销售额和收益。

在此之前，我讨厌数字，对销售数字不屑一顾，认为只要努力工作，销售数据自然会跟上来。

以前有个月的销售额达到了3 000万日元，可当时的分店长却告诉我"亏了"，从此我就再也不想看数字了。

我无法接受的是，销售额明显低于我的其他门店却赚了，而我的门店与上一年相比销售额明明增长了120%，却出现了亏损。

现在回想起来，当初在计划预算时，他们一定是把分店的大部分经费都算在了我的门店上。他们操纵经费让我的门店亏损，算成其他门店盈利。

也许比起烦人的钟点工阿姨，分店长更想让年轻诚实的女孩们赚钱。

也可能他不喜欢我的言辞和态度，想着"钟点工居然这么嚣张"。

总之，无论我多么努力都得不到赏识，这很是难受。从那以后，我试着不再去在意数字。

但当我成为正式员工后，我决定摆脱这种心灵创伤。

我还积极参加学习，提高自己的技能。

虽然年过半百，学习新东西很困难，但我也觉得挑战自己未知的事物很有趣。

我也曾因不受重视而自暴自弃，但是……

52岁的我终于踏上正式员工的起跑线，可以照自己的喜好工作了。从旁人看来，估计会觉得羡慕吧。

但是从44岁开始当钟点工直到成为正式员工的过程，绝不是一帆风顺的。

"在这种公司底下工作，我不干了！"我也不是一次两次这么想了。

刚开始干钟点工的两三年间，我有一次看了一个月的求职杂志。

我不需要不重视我的公司，因此想要认真地找一个能更加发挥自己能力的职场。

然而我没辞职，因为被同事和客人所包围的感觉让我很舒服。我还邀请了三个朋友来当便当贩卖员，我总不能在她们之前走人。

而且一进店工作，我果然还是很开心，就算办公室里有什么烦心事也感觉无所谓了。

更重要的是，我想："我这么拼命积累出来的东西，都得从头再开始吗？"

"又不是我的错，凭什么我要放弃至今为止的成果，凭什么要辞职啊。我一定要在这里得到认可。"

于是我不再看求职杂志。

我决定留在公司，与那些不认可我能力的人对决，越来越努力地工作。

随着我工作越来越努力，终于出现了一个认可我的工作和能力的上司。

他问我："三浦女士，你能不能去当总店长，负责管理8家门店啊？"

他正是那位指出我"只说不做"的分店长。

起初我拒绝了。

"我没有得到过公司这么高的评价。而且还有比我更受好评的店长，你为什么不晋升他呢？"

上司答道：

"三浦女士，你自己心里也没觉得那个人实力在你之上吧？我也不觉得，所以我才想让你当总店长，这样你能接受吗？"

这样反反复复，直到第四天，我终于回答道："知道了，我接受。"

我被任命为总店长后，门店的年销售额增加了720万日元。

"让三浦当大宫的营业所所长" ——年过半百时出现的人生转机

2007年3月，在我成为正式员工一年零三个月后，人生的转折点再次到来了。

毫无疑问，这是我五十年岁月里堪称屈指可数的大转机。

当时，我正在参加NRE员工制度的"一般2级职位"的晋升考试。普通员工每年都要参加晋升考试，如果考试合格，就可以晋升到更高的级别。普通2级是大学毕业生工作第三年后参加的等级，位于整个制度的倒数第四级。

我还没有收到晋升考试的结果，就突然接到了上野分店长的电话，让我"明天14点来总公司参加总经理面试"。

那是2007年3月26日的晚上。

这句突如其来的话让我很担心，于是我问分店长："我是不是做了什么奇怪的事情，得去参加经理面试？"分店长笑了：

"如果你做了什么怪事，经理就不会面试你了。"

"那就是说，一般在2级晋升考试结束后，都会有经理面试？"

我这么一问，他说也不是。

"那到底是什么面试呢？"我问分店长，他也只说："我也不知道。"

我别无选择，就说：

"如果是经理面试，我明天应该穿西装吧？"

他说："是的，所以我才给你打电话。那你明天最好去总部。就这样吧。"然后就挂了电话。

去总公司的时间是14点，所以第二天我像往常一样去上野上班。

总公司在东京高轮，所以我打算在中午12点半离开公司。

然而，上午11点左右，总公司的常务董事给分店长打了电话。

分店长在异常的气氛中，把电话转给了我。

电话那头，董事说：

"我决定派三浦做大宫营业所所长。但是，三浦还没有担任过管理职务。所以，今天的经理面试是一次管理职务测试。"

我没懂他的意思。

我不知道董事在说什么。我无言以对，于是他继续说：

"现在开始30分钟里，你从分店长那边学学管理职务的工作内容，然后立刻就来总公司吧。"

我终于憋出一句："这怎么可能办得到啊！"但电话被挂了。

说到底，让还在考一般2级的我去当所长，从人事安排上来说是绝对不可能的。

通常情况下，只有通过了一般2级的人考完普通1级考试，才能参加管理岗位10级考试，最终才能就任管理岗位。

而且，要想成为分店长或所长等级的管理职务的话，必须通过管理6级考试，这意味着我已经跳了6级。

就连一向牛脾气的我也认为这是不可能的。

但我再怎么发牢骚也没法怎么样。

支店长为我特训了30分钟，我一边看他给我打印的"管理岗位应履行义务一览表"，一边听他讲。

三天前，我妈得了脑梗死！

妹妹的一句话帮助了迷茫的我

当这一惊人的转机发生时，我心里却有着个人的隐忧。

三天前，也就是3月24日，我在老家的母亲得了脑梗死倒下了。

在与分店长进行了30分钟的特训后，我立即打电话给我妹妹。

因为母亲是我和妹妹两个人轮流照顾的。

就在我打算每周上几次早班，下午去医院和妹妹轮流照顾母亲时，却接到了经理的面试通知，搞得我很困扰。

　于是我给妹妹打电话说："公司突然这样要求，真是麻烦。我现在要去面试，准备拒绝他。"

　结果妹妹居然说：

　"我不知道你能不能胜任这份工作，但如果你因为妈妈的病而拒绝了更上一层楼的机会，等妈妈病好了也绝对不会饶了你的。"

　"但我要是接受了这活，你的负担又会增加啊。"

　"那我就再加把油就行啦，姐姐你也加油啊。"

　如果妹妹在这个时候告诉我"姐姐你这活不拒绝就会有大麻烦啦"，我估计就会在去面试之前打电话说："因为母亲生病，我不能接受这个工作。"

　正因为妹妹向我保证，如果妈妈发现她阻碍了女儿的晋升，她会后悔的，而且妹妹也不介意自己的负担加重，我才下定决心去参加经理面试。

"我心已决。只有三浦女士能胜任"
——因为没自信，在返程中流下了眼泪

我按时去了总公司，被带进了经理办公室旁边的接待室。

经理、常务董事和劳务部长的桌子一字排开，前面还为我准备了一把椅子，但经理却不见踪影。

和董事一起等了一会儿后，经理走进了房间。

"这啥呀？没必要搞这么正式的面试。我已经决定让三浦女士去大宫营业所了。"

"老板，即便如此，我们也需要听听三浦女士的想

法呀。"

"我们先和她谈谈，看看是否适合管理岗位。"

"我已经决定了，只有三浦女士能胜任。去当大宫营业所的所长，改变大宫吧！我很期待三浦女士你能发挥自己的优势。"

"对不起，我没什么自信……"

"没事的，总之你就去大宫吧！"

就这样，我真的没能没说上几句话，就被派去担任大宫营业所所长。董事和部长对惊呆的我说："三浦你能行的！你还是钟点工的时候，就在总公司很有名啦。但你毕竟都52岁了，老板也很犹豫到底是要让你继续当钟点工还是升员工。但结果老板还是把52岁的三浦你晋升成员工，还认同你的能力让你做管理工作。老板可是靠自己的眼睛判断人的。老板看上了你，就绝对没问题的。"

虽然听了这么多好话，但我还是没有信心。

"我接下来会变成什么样啊？"我为自己将来的命运感到焦虑不安，在从泉岳寺开往上野的电车上，我失控地哭了起来。

一想到我的责任会不会越来越重，不再喜欢我的工作，我就自然而然地哭出来了。

我曾经流下过悔恨的泪水，但这还是我第一次在没有自信的情况下流泪。

这超出了我的极限！

　　我回到上野营业分店，只把事情告诉了分店长。

　　在收到正式任命令之前，我不能和分店长以外的任何人说这事。

　　"请给老板打个电话，告诉他三浦不能担任大宫营业所的所长吧！"

　　"三浦女士，你自己都没能拒绝吧？如果三浦女士都不能拒绝，那我更不能拒绝了，行不通啊。"

　　"分店长你也觉得我不行吧？对吧？"

　　"这不是行不行的问题，老板决定的事我们必须做啊。"

我曾抱有一线希望让分店长代我求情拒绝这个工作，但连这个希望也破灭了。

我放弃了挣扎，但是我心里怎么也没能产生"我也许能胜任这份工作"的自信。

过去，我也曾有过更上一层楼的机会，比如当店长或总店长，但当时我立即欣然接受了这份工作，并说："只要有我能做的，我一定尽力而为。"

基本上，当我有机会晋升并承担更高层次的工作时，我都会积极接受并尽我所能工作。

我想，在我的心里总有这样一种自信心："这虽然有点困难，但只要我努力就一定能做到。"

但这个时候，我只想着："无论怎样这都是不可能的。这超出了我的极限。"

尽管如此，我还是无法拒绝，最终我还是毫无信心地担任了大宫营业所所长这一重要职务。

仅用3月31日一天就完成
工作交接的原因

我在3月31日收到了任命令，正式决定去大宫。

我和分店长认为，只要在4月10日之前完成工作交接，然后去大宫就可以了。

但是，我收到了"于4月1日上午9点到大宫营业所上班"的经理命令，谁也不能违抗。

没办法，我只好在3月31日就完成了交接。

当然，我从29日就开始准备交接工作，但通常只用一天时间交接工作是不可能的。

好在我平时不会一个人揽下所有工作，而是将这些工作教给了一个入职第4年的女性员工。

当时我手上有两个重要工作——安排店员的工作岗位与计算兼职人员的工资。

安排工作岗位时，我会拜托她帮我做到输入工作人员名字前为止，工资计算则是在我不在的时候劳烦她代做。

我之所以积极地把自己的工作教给他人，其实是因为周围的工作人员总是不教别人，最后工作都堆积在自己一人手里，我真的不想搞成那副德行。

公司里有些人，一旦负责了某项工作，就会全部自己承担，即便有新人来也不教他们。

这些人说自己忙得要死，疯狂加班。工作变得专人化，效率也越来越差。

而那些没有被教过重要工作的新人也会变得自暴自弃，认为反正都是那个人会做的，与自己无关。

我非常讨厌这种情况。

因此，我经常教我的后辈工作："我的工作内容就是这些，你们要不要试试做一半？"

得益于此，交接工作非常顺利。

接手我工作的女员工第一个月偶尔会给我打电话，但两三个月后，我几乎再也没接到她的电话了。

就任所长的前三天，
我陷入了恐慌之中。

由于交接工作顺利，我得以在4月1日前往大宫营业所上班。

因为我不认识办公室在哪里，所以我还叫了人接我。

来接我的工作人员战战兢兢的，估计听说了不少我的坏话。

但其实最不安的还是我。

认识的人只有两个以前在上野店工作过的员工，因此这里完全就是未知的职场。

一开始，我连办公室的门都不想开，只想着直接跑路。

接下来的三天里，我就坐在电脑前和前任交接工作。

前任看来是那种整天坐在电脑前做各种资料分析的管理职员，电脑里有各种看都没看到过的资料。

他教了我每天进行数据输入及比较的表格制作方法，但是我没做过管理数据的管理职员，听什么都是左耳进右耳出。

但我认为我必须学，所以一边想着"这种资料真的需要吗？"一边拼命记笔记。

三天的交接工作终于结束了，但我想了解的资料四散在各处，根本就没有一张整合的、一目了然的表。

交接结束时，该记的东西、该改革的东西、必须做的东西一下子全都涌现出来。

我陷入了轻微的恐慌之中。

我心里清楚应该立刻着手做什么以及必须做什么，但是我没这个技术。我知道该怎么做，却无从下手。这让我非常沮丧。

在"零横向交流关系"的营业所内，创建一张可供所有员工确认的表

我首先改革了便当的进货业务。

当我赴任时，便当进货业务是由大宫营业所的内部销售人员统一给所有门店进货的。

以前曾由每个门店的店长决定商品和采购数量，但上司变更后，内部销售人员开始一起下订单。

而且决定数量的只有一个人，他还不教其他人怎么做这项工作。

在订购便当时，需要结合工作日和周末的情况制定

策略，如"下周开始一个月内，这种商品一天进几份"。

如果不制定策略，随意进货，可能会导致便当剩余而造成更多浪费，也可能会因为缺货而错失提高销售额的机会。

因此，如何制定策略是车站便当店最重要的工作。

如此重要的任务不应仅由一名员工承担。

当然，也可以由那位工作人员来制定策略。所长亲自制定策略，或是二把手制定，各个办公室都有各自的做法。

我要求那位员工将策略绘制成图表，让所有员工都能了解目前正在实施什么样的策略。

首先，大宫营业所的员工之间没有横向交流关系。他们的工作态度是，只要做好自己的工作就行，而其他人的工作如何，营业处的销售额如何，公司的业绩如何，对他们来说都无关紧要。

大约过了三个月，分担工作的理念才逐渐深入人心，最终所有员工都理解了这一点。

我的高压态度适得其反，
很快就成了光杆司令

与此同时，我召集了所有店的店长。

然后，我问他们是希望办公室一口气订掉所有进货业务，还是希望自己做。

所有店长都回答说，如果由他们自己选择商品进货，工作会更轻松。

我立即打电话给那个负责进货的销售人员，语气强硬地对他说：

"你自己下了所有订单，但你怎么知道哪些便当卖得出去？为什么你负责便当进货啊？真没法想象！从今以后就让各个店长进货了。"

我觉得无论如何都要在大宫营业所做些改变，因此我的语气有点强硬。

我怀着"要一口气改变大宫营业所""所以必须让他们听我的话"这种想法，开始了一次又一次的改革，改变了很多东西，但有些改变需要很长时间。

那时候，我常吼他们："我是所长啊！你为什么不按我说的做呢？照我说的做！"

然而这种盛气凌人的态度绝对是行不通的。如果你不断施压，只会让事情更加糟糕。

结果，大家都不再看我脸色了。无论我问什么，得到的回答都是"这不是我负责的"或者"我那天休息，我不知道"。

尽管如此，我还是不想被小看，于是我的态度始终如一："你们这些人怎么这个态度？你们是不是有问题啊？"

结果，我越来越被周围的人所孤立，成了一个光杆司令。

因为"不想被人小看"
所以"无法下问"

　　被大宫的工作人员无视的我，只能去求助上野分店的员工们。

　　每当有不明白的地方，我就给上野分店长打电话，一天要打好几次。每次，分店长都会非常细心地教我。

　　当我想做一个简单的数据库来管理整个门店时，我咨询的还是在上野时一起工作的同事。

　　当时那位同事刚刚辞职，距离去下一家公司入职还有一个月左右的时间，我就请他来了大宫。

当我告诉他我想在上野用过的数据库的基础上添加这种和那种项目功能时，他立即就帮我做好了。

我相信大宫一定也有和他一样精通电脑的员工。

但在当时，我对不知道或不会做的事情甚至说不出一句"就交给你了"。

遇到不懂的事物，我就看书学习或是上网查阅，甚至还会打电话问妹妹和女儿。

我不想让别人知道我什么都不懂。

我不想让员工小瞧我，所以我不向任何人问任何问题。

例如，我觉得要想提高销售额，就必须分析数据，所以我决定面对讨厌的数字。

我认为，既然我身居管理岗位，从销售计划到财务报告就都必须我自己做。所以我一直坐在电脑前，努力学习如何计算数据并进行分析。

但我一直不喜欢数字，甚至连基本的商业和会计知识都没有。有一次，下属递给我一张纸说："所长，这是应付账款单。"我却脱口而出："这是什么？"

在网上或书上逐一查询盈亏平衡点、现金流量表等简单商业术语的人，无论在数字方面多挣扎，都不可能一下子就做出销售计划书。

我当时甚至没有意识到这一点。

上司的一句话，把我从
"血尿状态"里解救了出来

自己的工作做不好，和员工沟通也做不好，我开始感到越来越窒息。

我的座右铭明明是"工作要开心"，却一点都开心不起来。

此外，在调职后的一个月里，我几乎没有休息日，每天一大早就得上班，一直到晚上9点都回不了家。

在那之前，我总是对周围的人说："有的人看似一天到晚都在忙，其实根本就没干正经活！"讽刺的是，我自己就变成了那种状态。

有时会听说承受不了工作重压的人会神经衰弱或是自杀，在那之前我一直在想怎么可能呢。

但我到了大宫营业所以后，才懂了那些商界人士的痛处。

我想逃离工作，好几次都打算辞职。

但是一想到认可了我的能力，特例提拔了我的经理和常务，我又觉得我不能辞职，这种纠结每天都持续着。

结果，过度的压力终于压垮了我。

我不仅晚上呕吐，还出现了血尿症状。

这种状况还在持续着，有一天，我参加了总公司的会议。

在那次会议上，担心我的上司对我说："从你擅长的事情开始做起吧。"

"你不必强迫自己拼命努力工作，慢慢来就行了，从你能做的事情做起。"

听了这些话，我恍然大悟。

我记得经理和常务都说过："我们希望你能在自己

擅长的领域发挥优势。"

我擅长的不是盯着数字，而是改变门店和办公室的气氛。我在与自己做不到的事情苦战。

我还意识到，我也不该那样与员工相处。

当我意识到我不必为自己是一名管理职员而自负，也不必耻于让别人教我不懂的东西时，我感到安心多了。

销售和改革固然重要，但最重要的是"工作要开心"。如果做不到这一点，我就不可能成功。

上司的话让我最终回到了正轨。

从小就擅长的"整理"成了突破口

从那之后，我就从我擅长的、我能做的事情做起。

我从小时候就擅长的整理工作开始着手。

如果我的办公桌不干净，我的头脑就不会清醒，我的工作也就完成不了。

在员工的办公桌和书架上，旧文件、日本酒和葡萄酒的伴手礼等各种东西都堆放在一起。哪怕是拿一份文件，也需要花费很多时间。

我立即着手整理。我每天都要扔掉五六袋垃圾。至今我还在想，为什么这么小的房间里会有这么多垃圾。

通过这种方式，我们腾出了空余空间，让每个人都能知道所有东西的位置。我又规定了放置销售日报、账簿及杂物的位置。

如何向大家传达分担工作的重要性？

接下来，我认为工作压力不该由员工各自承担，因此我告诉了他们团队合作的意义。

在大宫，之前每个人都只在自己负责的范围内工作，如果出了什么问题，只会说"那不是我的工作"。

在上野分店时，曾经有人抱怨前辈不分配工作导致自己没事干，可后来却同样把工作全揽在了自己手里。

我对他说：

"你当年不是因为没工作干而难受过吗？那你怎么现在又把所有工作都揽到自己手里了呢？每项工作都有

主管和副主管，作为主管，你的工作就是把所有工作都教给副主管啊。"

像这样，我试着在不经意间向员工随口讲解团队合作以及把自己掌握的内容教给下属并使下属分担工作的重要性。

但每个人还是害怕自己会丢掉工作，试图保护自己的小世界。于是我就一直说：

"如果我能教会别人做我的工作，并让他们做我的工作，那么我就能干更高级的工作。结果，我自己也能更上一层楼啊。"

特别是对于男性员工，我就会说：

"下属成长了，业绩提高了，你才可以升职啊。看看你的周围，这么做的人都升职了。"

一旦了解了分担工作的具体好处，员工就会更乐于与他人分担自己的工作。像这样，分工合作就能展示并共享每个人的工作进度。

图片：车站便当会第一回合

每天19点对进货表进行"可视化"处理，大大减少了失误！

随着分工合作的进行，我们能够看到彼此的工作，也可以开始跟进别人的失误。

一开始，当我发现失误并询问"这是什么意思"时，得到的回答全是"这不是我负责的""我不知道，因为我那天休息"或"这是某某先生负责的，问他吧"。

尤其常见的是进货失误。失误的类型多种多样，如没有发送订货单或输入错误的门店代码等，每周都差不多会出现一次失误。

例如，有的门店早上收货时连一个饭团都没收到，这都是家常便饭。这意味着，即使从其他摊位上一点点周转过来，也很快就会卖光。此时，面对特意来购买商品的顾客，我们也只能说："对不起，今天卖完了。"

结果，最终受害者还是顾客和销售人员。

即使进货失误而造成损失，营业所的员工也不会被扣工资。

于是我告诉员工"最受失误之害的是顾客!"，并制定了一份避免他们出错的规矩。

内容就是在每天19点时打印第二天的进货表，并进行确认。

我把进货表的制作和打印交给了当天的营业员工，公开了进货表之后，大家就看得到值班员工做了什么工作（虽说这其实本应该是理所当然的）。

于是，大家都会为了确认第二天的进货情况而去看进货表。

有失误的话一定会有人发现的。

立下这个规矩后，进货失误大大减少了。

在我上任的 4 月，营业所有 10 多次失误，这种情况在 5 月开始渐渐减少，半年后就基本上消失了。

从成果而言，分工合作的重要性已经不言而喻了。

为什么80小时的加班变成了16小时?

实行工作分担后，员工的加班时间开始减少。

在我赴任之前，员工并没有减少加班的意识，他们已经习惯了节假日出勤和加班。

有些员工每月只休息两天，还加班80个小时。

如果光要为80个小时的加班支付节假日出勤补贴和加班费，就将花费十几万日元。

而且，即使我们警告他们加班太多，他们也说没事，根本没有意识到大量加班是不对的。还有些人明知故犯，从一开始就把加班费算在了他们的生活费中。

这种情况对公司整体不利，对大宫营业所也不利。最重要的是，如果揽下所有工作却懒懒散散地待在公司里，也是不可能做好工作的。

事实上，加班80小时的员工经常在工作时间打瞌睡。

这也难怪，因为他们从不回家，也从不休息。

我告诉他们：

"有一天你也会成为管理层。你会重用像你现在这样的人吗？另外，一旦你当上了管理层，你就没有加班费了。如果那样，你就打算走人吗？"

那位工作人员也是单身，我向他说明情况后，他立刻就明白了。

结果他的加班时间从80小时减少到现在的16小时，还会消化年假了。

为什么说旅行能提高自己甚至
周围人的能力？

当加班时间减少，人们得到适当休息时，就会开始更好地关注自己的生活。

加班时间减少到16小时的员工还开始教孩子们柔道。

当孩子们簇拥着他叫"老师，老师"时，他就能体会到工作之外的生活乐趣吧。

好好休假，意味着还能去旅行。

我对所有员工说：

"我们是给旅客卖便当的，所以我们也该去某地旅行。若是不出门旅行，我们就无法理解客人的心情。"

去各种各样的地方旅行，向他人传达自己的经验，工作也会变得开心。在尽情享受假日之后，才会有更加努力工作的动力。

而且去旅游的时候，把自己的工作托付给别的员工的话，也能自然而然地推动员工间的分工合作。

说明并交付自己的工作，周围的人才会理解那个人平时的工作内容，学会了以后才能帮他代班。

即使那个员工在的时候，大家都会下意识地去委托他，但他一休息大家就都得自己做了。结果就是其他员工的知识和技能都能得到提升。

总而言之，出门旅游、重振精神的人不仅能提升自己的工作质量，更能推动周围员工的成长。还有什么比这更美妙的呢？

在我鼓励大家旅游后，有的员工利用五天长假去了纽约，有的员工利用六天长假环游了四国。

就连过去加班80小时的员工，也率先请了长假去旅游。

看到他的成长后，我十分欣慰。

当然，他也开始在出勤时间内完成工作了。

从"去做！"到"这个我不会，请帮帮我吧"，措辞改变带来了惊人的效果

上司的那句"三浦女士，从你擅长的事情做起吧"带来的最大变化就是我对待员工的方式。

我不再使用高压命令的语气，而是开始说"请"。自己做不到的事情就诚恳地请别人去做，这就是我本来的做法。

我开始对我的员工说："这个我不会，请你们帮我一下吧。谢谢了。"员工们也愿意接受我的请求了。

例如，当我要做一个数据表时，我只告诉他们一个

想法，而让擅长电脑的员工来解决那些困难的计算式。

我还委托员工制定我不擅长的销售计划，而不是自己一个人钻牛角尖。

这样做的好处是，能让员工们分担我这个所长的工作。

通过让他们承担营业所的重要工作，现在每个员工都能独立思考了。

通过这种方式，我找回了真正的自我，大宫营业所的气氛也逐渐变好了。

感觉行不通就"朝令夕改"

重要的是，一旦意识到自己错了，就要立即改变想法并采取行动。

一直让部下"照我说的做！"，结果突然又改变了态度说"请"，可能会很难说出口。

但是，就算继续固执己见一直做错事，事情也不会好转。

没有哪个人的第一个想法就是完美无缺的，因此，当认为自己犯了错误或认为自己的想法行不通时，迅速改变自己的想法或做事方法也不是坏主意。

例如，当我赴任大宫工作时，我想大量销售公司自己的商品，减少当地便当的市场份额。我判断这样做会更有利可图。

然而，当我真正去门店时，却发现当地便当卖得更好。

大宫站的车站便当专卖店位于一个名为"Ecute大宫"的商业设施内，周围有许多强大的竞争对手，如寿司店、便当店和熟食店等。

为了在这样的环境中吸引顾客的注意，我们必须提供有吸引力的车站便当。

我才意识到自己最初的策略是错误的。

于是，我开始增加越来越多种类的地方特色便当。

半年后，Ecute大宫的负责人问我：

"对了三浦女士，你来大宫营业所时说要增加公司内部产品的数量，减少当地便当的数量。你现在改变主意了吗？"

"是的，我改了。与其摆放卖不出去的自家产品，还不如摆放卖得好的当地便当。我迅速地改变了主意，可以吗？"

负责人说：“我就喜欢这样的改变速度。”

事实上，由于售卖各种各样的地方特产，在我赴任店长一年以内，门店的总体销售额增加了 5 000 万日元。

如今，我们的年销售额已超过 10 亿日元。

如果我固执于自己的策略，销售额就不会有这么大的增长。在我认为行不通的时候，我转换了思路，这才是我能够向前迈进的原因。

总之，尝试你认为应该做的事情，如果行不通，就换一种方式去做，这不就是一种进步吗。

所以，不要害怕改变想法，不要拘泥于一个想法。

为了进步，“朝令夕改”也是有必要的。

图片：便当发表会

在居酒屋对分店长吼
"我不当所长了！"

我被派往大宫工作近两个月时，遇到了一件事。

在一次活动的慰问晚会上，我的直属上司分公司经理对我说："我可不认同你！"当然，这是他一时的酒劲。

我当时也累得半死，又有酒劲助威，加上二人你有来言，我有去语的，我也就火了："我也不想来这种地方！你要觉得我不行，你去找老板把我炒了啊！这么讨厌的工作我想走就走！"

干脆利落地说了这么一通以后，我又抛下一句：

"我不干了。再也不来这里了。"

说完，我哐当一声甩开了居酒屋的门，走了。

然后，所有的员工都追了出来。

他们抓着我的胳膊不让我走，说：

"自从所长来了以后，职场变得更愉快了！"

"变得更开朗了！"

然后，他们花了一个小时劝我不要辞职。

我说："好吧。我周一一定来上班。但我今天就这么回去了。"然后我就走了。

那是在我不再对员工盛气凌人一个多月之后的事。

大家都劝我以后，我也打消了辞职的念头，但再怎么说我还是顶撞了上司。

我不知道该怎么办，于是向公司里的四个人征求了意见。

结果，只有一个人让我立即道歉，另外三个人说分公司经理本人才最应该在意这件事，我只需像什么事都没发生一样就行。

我也觉得就应该这样，于是星期一上班时，我若无其事地向他问候了一声早上好。

然后经理也若无其事地答道："嗨，早上好。"

我感动地想"这是多么准确的建议啊"，又有些沮丧。

不过，这是我第一次向上司口出狂言，一时间我不知道会发生什么。

但是，这件事让我与大宫的员工和经理的沟通更加顺畅了。

鼓励员工畅所欲言的职场改造

我最近注重的是，如何询问员工感觉到的问题点和要求。

在上野当钟点工的时候，经常有同事来找我商量："三浦女士，把那个解决一下吧""我知道了，给我点时间"。

所以我心里有一种"我当管理层的话，大家找我商量也会更方便吧"的想法。

但实际上，情况并非如此。

尽管我自己没有改变，但当我作为所长身居管理岗位时，和钟点工、兼职人员的立场之间有一堵无形的墙，这让我很难直接与他们交谈。

而且，即使我问他们"如何"，他们也未必会告诉我他们的想法。

了解员工的意见和要求不再是我的职责。

我花了一年多的时间才意识到，我必须培养和我一样的人，就像在上野站做钟点工时的我，培养能够毫不犹豫地表达自己意见的人，无论对方是所长还是分店长。

从那以后，我试着积极倾听店长的意见。

有些人不喜欢这样，因为他们觉得这是在打小报告。但我告诉他们："这只是给我提供信息，不等于打小报告。如果你因此遇到了什么麻烦，我会承担全部责任。"像这样，我尽可能地获得了更多的信息。

当然，我也会告诉店员："如果你们发现了什么问题或希望改进什么，请立即告诉我。如果难以直接表达，写匿名信也可以。"此外，我一有机会就会去钟点工及店员聚集的地方和他们说话。

一线员工的建议对于改善门店和提高销售额至关重要，因此，创造一个能让员工表达真实想法的环境是管理者的一项重要工作。

第四章

把「普通钟点工」锻炼成「魅力钟点工」

首次尝试在8家门店排班！
最大程度发挥员工能力的人员配置

要充分发挥每个员工的能力，就必须做到人尽其才。

然而，我在上野分店做钟点工时，并没有这种想法。

上野站有很多门店，钟点工每天被分配到的门店都不一样。

有时会被分配到繁忙的门店，顾客会络绎不绝地前来购买便当。而有的时候也会被分配到冷清的门店，每十分钟才能有一位客人来。

当时，JR上野站中央检票口的自动售票机旁，有一间叫58号店的冷清门店。

包括前面的陈列柜在内，店面只有一张榻榻米那么大，小到连站立或坐下都很勉强。

由于售票机偏远、人流稀少，加上当时销量第一的59号店就在中央检票口内，所以这个店总是冷冷清清。

从8点到14点的6个小时里，销售额能达到2万日元就已经很不错了。

喜欢忙碌的我不太喜欢这个店，在我不幸被分配到这个店的那天，我很失望，心想："又是那家店啊……"

如果至少有一些活动空间，我还可以打扫整理，但在只有半个榻榻米大小的空间里，能做的实在有限。

无论我多么仔细地擦拭陈列柜，最多几分钟就结束了。

有时，我看着中央检票口内的59号店，会羡慕地想："顾客多真好啊。"

有些钟点工人员会想，卖不卖得出去都是一样的工资，就不喜欢繁忙的店，而喜欢客人稀少的店。

但就我而言，在闲散的店里，时间似乎过得更慢，所以我反倒觉得更累。

因此，当我连续两天被分配到58号门店时，我非常沮丧。

这是否意味着公司并不需要我，让我卷铺盖走人？我十分担心。

那时，我才开始干钟点工三个月，还没有能力问公司："为什么把我安排在那个店？"

过了一段时间，我就不担心这个问题了。

因为，我被分配到特定的门店干半年。

那家店的店长很喜欢我，就对公司员工说："三浦女士来的时候，一定要分到我们店来。"

因为我也喜欢这个门店，所以我非常努力地做我能做的一切，包括打扫、整理和商品摆放，这大大促进了销售。

其实，连续两天把我分配到58号店的公司员工可能也没多想。

后来，当我开始担任59号店的店长时，有时会有工作慢的销售人员被分配过来。

59号店是一个非常繁忙的门店，如果不安排工作效率高的销售人员，销售额就会受到很大影响。

于是，我和员工们商量道：

"你们安排这种班次，是有什么深意吗？"

"什么都没有啊。"

"为什么把干活效率差的人安排在繁忙的门店，而把能胜任工作的人安排在闲散门店？如果在我不在的日子里安排一个不能胜任工作的人，会影响商店的销售额啊！"

"但也不能只照顾59号店啊。"

"我不是这个意思，把工作效率高的人放在闲散店里太浪费了。不应该人尽其才，实现利益最大化吗？不要完全没有考虑，就知道根据时间表来排班！"

不了解现场的公司员工可能就是这样把钟点工与兼职人员眉毛胡子一把抓，觉得把谁安排到哪个店里都一样。

因此，他们会把工作效率高但只能从上午10点开始工作的钟点工分配到那个时间点才开门的闲散店，而把能力不行但可以从清晨开始工作的钟点工分配到从早上就开门的繁忙店。

这样的轮班会降低店员的积极性。

我总是对他们唠唠叨叨："这样的轮班是不对的！"

当我负责排班的重任时，这些经验就派上了用场。

"三浦女士，交给你了。"在工作的第6年，我开始负责规划8家店的排班表。那时，我已经是上野总店长，从钟点工升为了合同工。

改善制度，让店员事先知道
当天的工作地点

其实，我对班次还有一点不满意。

那就是，在上班之前，我不知道自己会被分配到哪个门店。

我们从来没有提前接到过排班通知，只能当天在办公室的白板上查看。

白板上有一张划分了时间的图表，上面写着上野所有门店的名称。

表格上放着写有店员姓名的磁铁，以显示他们当天的工作位置。

当店员上班时，他们会查看自己的名字对应的门店，确认"今天是新干线月台的××号店"后再前往门店。

但有些人可能会习惯预先设想："明天我被分配到这个店，要怎么工作呢？"

而且，当新钟点工或兼职人员参加新人说明会时，他们可能会因为不知道接下来的工作地点而感到不安。

如果不事先安排好轮班，告诉他们将于哪天在哪里工作，那么新人说明会就没有意义了。

从我开始工作的那一刻起，我就不认可上班当天才能知道工作地点的机制。

因此，自我开始负责轮班安排后，我就决定在截止日期前制定一个可以事前了解各位店员半个月内轮班情况的工作岗位表。

把能力强的人安排到销量好的门店

在做工作岗位表时，我彻底贯彻了人尽其才的人才配置。

对于10点以后才能上班但工作能力很强的钟点工，我就会让他在那段时间去最忙的店。

对于从早上开店至10点工作的人，则将他们安排至闲散的店。

我不会仅仅因为某店员能从早上开始工作就把他分到忙碌的店里。

当然，若有人不仅早上就能上班，工作能力还强，那他能在店里一直工作是最好的。

但是能从早上就工作的人数量有限，只靠出勤时间排班也不会顺利。

其中也有人在很忙的店里会因陷入恐慌状态而出现各种失误，但在不是很忙的店里就会热心待客，口碑也很好；还有人一直站着工作会感到吃力，但取得适当休息之后工作效率就会很高。

我与每位店员都谈了谈，在考虑到个人差异的基础上排班。虽然不能完全满足本人的要求，但一定程度上成全他们也是很重要的。

因为在自己喜欢的店工作才会更有动力。

在此之前，很少有人像这样考虑排班。

他们也许是认为判断或考虑销售人员的能力太麻烦，也可能是看不出来。

又或许是不想被那些上午10点被调到其他门店的店员抱怨嫌弃。

但是，如果能认可并充分利用那些努力工作的优秀人才的能力，他们就能愉快而充满活力地工作。

这样一来，销售额和业绩肯定会增加，那些抱怨的人也只能闭嘴了。

事实上，大多数钟点工销售人员都十分肯定我做的工作岗位表。他们非常高兴，说：终于有人理解自己的努力了。

敢于"偏袒"努力工作的人

做好工作岗位表的诀窍在于学会"偏袒"。

当然，这并不是基于自己的好恶而"偏袒"，而是要优待那些努力工作的人。

我开始工作的大约三个月内，一直都是10点到14点的班。

从清晨到上午10点，店里一般只有店长一个人；10点到14点间，来买午餐的顾客较多，店里就会安排两个人值班。实际上，10到14点是钟点工竞争最激烈的时间段。

很少有家庭主妇能在早上5点半就上班，但能在10点上班的人却很多。

当我成为钟点工时，就有人对我说："三浦女士，上头居然真会在这个时间段雇用你啊。"即使我不在这个时间段工作，只靠老店员也足够维持店面运营了。

我加入之后，店员自然就有多余了。于是就有人的工作时间遭到了削减。

当时，每个人的工作时间都被平等地削减了。

如果需要削减两天的整体工作量，那么无论是努力工作的人，还是蒙混过关的人，都会被平等地削减一天。

我对这种做法很不满意。

我不介意减少工作天数，但我不喜欢和偷懒的人受到同样的待遇。

因此，当我开始做工作岗位表时，我不再对每个人一视同仁。

如果有人努力工作，有人只是浑水摸鱼，而必须削减两天，我就会将这两天都扣在工作不积极的员工身上。

努力工作的人的工作天数不会改变。总之，我"偏袒"勤奋工作的人。

我也向身边的工作人员推荐这种"偏袒"，并经常告诉他们不能同等对待努力工作的人和袖手旁观的人。

当你"偏袒"努力工作的人时，他们会因为你理解他们的努力而感到高兴。这一点非常重要。

当然，被削减了两天的人会感到不满。他们可能会抱怨。这时，就要与他们交谈，让他们理解。

如果他们因此开始努力工作，这对公司和个人都有好处。

对努力工作的人和浑水摸鱼的人一视同仁并不不公平，对谁都没有好处。

在店里设置一个固定的"副店长"

分工的另一个重要作用是尽可能在一个门店设置一位固定员工。

例如，在上野站的59号店，我作为店长主要负责早班工作，并选了一个晚班钟点工固定地担任副店长。

也就是说，每天上午是我在门店，每天下午就是一个固定员工看店。

其他门店也安排了类似的固定员工。

这样的制度有助于员工对自己所负责的门店和工作产生感情和责任感。

而且，有很多客人会记住店员的脸而成为熟客。

我每天在门店里迎客时，就有很多回头客。

甚至还有客人看到我再特意绕路过来。

开始做内部营销以后，当我久违地站在店里时，还有人来说：

"哎哟，我还以为你不干了呢，原来还在啊。"

"我现在在办公室里工作，没什么时间来店里啊。"

"今天三浦女士在的话，我就在这里买好了，最近看不到你，我都到对面的店里去买了。"

"再来我们家买嘛，我后任的那个阿姨人也不错啊。"

当然，顾客选那家店的主要原因是他们每天都会经过那家店。没有多少顾客愿意绕道去一家有自己喜欢的店员的门店。

然而，若他们每天都路过几家店后，还选择同一家店，很大程度上则是因为门店的氛围和店员。

"地位造人"——店长和副店长间的沟通是促进销售的关键

副店长应该要选个可靠的人，不管是钟点工还是兼职人员，要是让他们当副店长的话，应给予一定的补贴。

只要给他们相应的头衔和补贴，他们就会开始负起责任履行副店长的职责。

比如，如果副店长能主动传达店长在上午的店里无法获得的信息，如"这种商品晚上卖得很好"或"这种商品很难卖完"，那销售量绝对就会上升。

不过，就算店长看中了某人并想将其提拔为副店长，他本人也有可能会没自信地觉得"我怎么行啊"。即便如此，只要给他副店长的头衔并鼓励他"没事的，××你一定能行的!"，他就会一点点变得像副店长的样子。

这正是"地位造人"。

不论他是兼职人员还是钟点工，都没有关系。只要有资质，给他个地位，他就会自己做出合适的工作。

事实上，一次都没走上过社会的我都能从钟点工开始做到店长、总店长，再登上营业所所长一职，这正说明"地位造人"是有道理的。

一个人能力再强，若没有相应的地位，是永远不会有真正的责任感去工作的。

此外，选副店长时，最应该重视的是店长提名的人选意见。

如果自己的心腹副店长在前一天的晚班时准备好了一切，那店长第二天早上上班时，就可以更容易地开展工作了。

如果小件物品都摆放在显眼的地方，商品补货充足，一切必要的东西都井然有序，店长早上上班时就能舒心地开始工作。

如果前一天晚班的工作结束后没有收拾好，就会是另一种情况。

重点在于要选择一个能理解店长意图的人担任副店长，创造一个"只要那个人上晚班就放心啦"的环境，让店长能安心地进入门店舒心工作。

因此，在选择副店长时，我首先会问店长："你想要谁？"

接下来，我总会问被提名为副店长的候选人员："你愿意试一下当晚班的副店长吗？"

人与人之间的性情是有合与不合之说的。即使你认为一个人好，也不知道另一个人是怎么想的。所以，倾听双方的意见非常重要。

即使两人一开始关系很好，在相处之中关系也可能变坏，所以就算决定了人选，也不能完全放心。有时我会问他们："你们在一起干得舒心吗？"

如果他们缄口不言，我就会抽时间再和他们谈一次，找出问题所在和他们的要求。

确保店长和副店长之间始终保持良好的沟通，对于做出能提高销售额的工作岗位表非常重要。

不是"想让对方为你做什么"，而是"能为对方做什么"

　　我开始做钟点工六个月后，终于能在我喜欢的店里工作了，因为那里的店长喜欢我。

　　让他喜欢我的诀窍是，我积极地做了店长不想做的幕后工作。

　　即使你拼命推销车站便当，也不一定能让店长满足。

　　若从顾客一走进门店就开始接待客人，店长也不会给你好脸色。作为店长的他在店里取得最高的销售量，才会让他感到愉快。

意识到这一点后，我决定在客人多得店长一个人忙不过来时才会去自己接待客人。我会做好饮料装箱、打扫店面、纸箱整理等一切幕后工作。

我就是这样让店长喜欢上我的。

我的工作原则不是"想让某某为我做什么"，而是"某某想这样，我就这么做吧"。

所以，我也总是对员工说：

"不要去想'想让上司为我做什么'或者'想让那个人为我做什么'，而是去想'上司想要什么，我应该怎么工作'或者'我能为那个人做什么'，这样就能解决问题了。"

当时我并没有那么仔细地考虑这些事情，只是想着"这个人喜欢我的话，我的工作就会更愉快，那我能做些什么让这个人喜欢我呢"。

但不管什么职场，若得到了别人的好感，你总会更舒服。

因此，一边思考自己能为对方做些什么一边工作也是非常重要的。

从不周转便当的女性店员
为何只把便当交给我

　　这个小故事告诉我们，思考自己能为对方做些什么是多么重要。

　　为了尽量减少浪费，便当通常会从滞销的门店周转到售罄的门店。但有一位女店员却从不把自己门店上的便当转给别人。

　　当其他门店里的便当售罄，配送员工无奈地来到她的门店要求周转便当时，她总会拒绝说："我订购的便当，我绝对会全部卖完，所以我不会转给你。"

我询问了陷入困境的配送员工后，还是去找她说："××小姐，那边的门店已经没有便当了，我拿去几个哦"，她就笑着说："好的，你想拿多少就拿多少。"

起初我不明白她的意思，后来才恍然大悟。

她的门店位于新干线候车厅。

上野站的新干线候车厅店早上6点开门，她认为在盂兰盆节和黄金周等繁忙时期，在早上5点半新干线检票口开闸时开门会极大地促进销售。

为此，货物就必须在早上5点半前送达她的店里。

但是根据安排，位于中央检票口内的59号店将在早上5点半开门，配送员工会先将货送至那里，再送到新干线大厅的门店。只要送货顺序不改，她就不可能在5点半开门。

但她还是想着无论如何都要在5点半前开门。

我一听这话，也觉得可以卖得出去。

于是我就说："那我来帮你搬吧。"

那个时候我已经是内部营业人员，所以有权力做这种事。

我早上4点半就去了公司，推着拖车去了她的门店。

然后，我一边摆放便当一边招呼客人：

"其他的店都还没开哦！"

"新干线首班车还早着呢，要不要来份便当啊！"

仅仅30分钟就卖了10万日元。

这比当时销售量第一名的59号店卖得还多。

从那以后，每逢长假或盂兰盆节，我都会帮她推拖车。

正因为这种时候我帮过她，她才会听我的吧。

因此，对于抱怨"就一个兼职人员居然还不听我的"或"那个钟点工阿姨总是发牢骚"的公司员工，我总会说："那么你有听她们讲话吗？既然你自己都不听她们说话，那你就只能忍了。"

没有人会认真听从一个不听别人讲话的人。如果你想让别人为你做事，你必须首先带着"能为他们做什么"的想法去开展工作。

将制服换成裤装，
将工作积极性提高十倍

　　工作时的制服也是激励销售人员工作积极性的重要因素。

　　我常说"人靠衣装"，告诉员工："外表一定要得体，不要再去理发店，应该去美容院。"

　　其实，我还想说："衣服也穿点有品位的！"但考虑到每个人的工资，就很难说出口。

　　因此，我准备了既方便行动又美观的制服。

　　现在大宫站的门店里，店员们穿着黑色衬衫、黑色长裤和胭脂色围裙的制服。这套制服是我想出来的。

我特别注意的是，女职员也可以穿着长裤为顾客服务。

以前上野站门店的制服是裙子。穿裙子的店员在坐着或弯腰时会感到很在意。

有了长裤，就可以尽情活动，而不用担心任何问题。销售人员快速高效的工作也会让顾客感觉更舒畅。

当我问女员工"你们更喜欢穿裙子还是长裤工作"时，她们都说更喜欢裤子。

我自己也不喜欢裙子，所以毫不犹豫地决定将女员工的制服也改成裤装。

事实上，我们没有裤装制服，只能要求她们穿自己的私服。

裤子需要同时兼顾腰部和大腿，因此很难找到适合每个人的尺码。

尽管如此，所有女员工都对行动方便感到满意，因此我认为停止穿裙子的决定是正确的。

员工对制服的评价是"行动方便"。但我仍然纠结于一口气更换制服的成本。

然而，以前的制服仅马甲就需要5 000日元左右，即使是白衬衫也要4 000日元左右。而现在穿的黑色衬衫，即使绣上名字，也只要1 700日元左右。

　　考虑到今后还会购买更多的制服，但成本总归会下降的，于是我决定更换制服。

　　为了增加销售额，我们以更换更轻便、更易于穿戴的制服为由，记录了必要的开支，毅然决然地更换了制服。

"一路平安，加油拼搏吧!" 把他们精神饱满地送走

为了充分发挥员工的潜力，创造一个令人享受工作的环境也很重要。

我曾在一本书中读到，过去插秧时，有人专门唱歌跳舞来鼓励大家。

有人会在田间小路上边唱边跳，而在田里干活的人也会加入，一边唱一边干活。也就是说，他们通过边唱歌边劳作，从而享受辛苦的农活。

当我读到这个故事时，我意识到这正是我应该

做的。

在你的职场中，如果分店长或所长总是面色铁青地坐在办公桌前，也没人互相打招呼的话，无论你的员工有多优秀，他们都无法发挥自己的潜能。

在我做钟点工的时候，回到办公室看到这样的上司，真的很沮丧。

相反，当我的上司认可我的努力，并让我轻松地完成工作时，我就会有动力去尽我所能。

上司的态度和办公室的氛围肯定会影响员工的积极性。

正因为有这样的经历，我认为，作为管理人员，我的职责就是提高兴致，让销售人员能够享受轻松快乐的工作。

因此，当我送店员去店里时，我会说："一路平安，加油拼搏吧！"

当我自己去店里时，我会说："早上好，卖得好吗？"如果卖得不好，我就会收拾收拾货架，建议他们这种时候应该做些什么。

有时，我会鼓励他们说："××，我相信你今天一定会大卖的，加油吧。"

虽然谈话只有五分钟，但重要的是要告诉他们"你们的努力我看在眼里呢，尽全力去干吧。"

这会让员工振奋起来，努力工作，从而取得更好的成果。

当你看好成果并肯定他们的辛勤工作时，他们会更喜欢自己的工作。他们会更加努力地工作，发挥自己的能力。

如何在门店里保持良好的心情

自从我做钟点工以来，我一直想改善职场的气氛。

因此，当我清晨5点半去店里时，我总是在想："我今天该怎么开口？"

我满脑子想的都是怎样才能逗笑那些在门店拼命摆放着便当的配送员工们。

凌晨4点半上班揉着惺忪睡眼的配送员们，稍稍笑一下就会精神一振。

所以，我有时会说"哈喽达令！"或"哈喽小伙子们！"或者敲敲还没打开的百叶窗说："给我份便当！"

由于我经常这样做，以至于当我像往常一样进去说"早上好"时，反倒有人会问我："三浦女士，你今天心情不好吗？"

就这样，我想方设法逗大家开心，活跃职场的气氛，让自己站在店里时心情愉快。

因此，看到那些把我刚刚调动起来的气氛压下来的人，或者在我打招呼时低着头只说"啊"的人时，我真的很生气。

我当上管理层后，有次听一位店员说："早上销售部门的员工××总是心情不好，所以我们就偷偷跑出店了。"我就对那个员工大吼："喂！"

"你不该体谅一下钟点工，让他们舒心工作吗？5分钟就行了，你笑笑吧。然后说句'一路平安，谢谢你们这么困的时候还来'，等把销售员工都送到店里以后再睡不就好了吗。"

他很困我可以理解，因为他每天工作到凌晨1点左右，然后小睡一会儿，凌晨4点半又得起床，困是理所当然的。

即便如此，也不能影响从早上5点半或6点就在店里接待顾客的店员的心情。

如果不能对他们微笑5分钟，让他们打起精神动身迎客，就没有做好销售部门的工作。

无论如何，作为管理者，我和公司销售员工的职责就是彻底打造一种工作氛围，让销售人员能带着开朗的笑容站在顾客面前，创造一个能让他们享受工作的环境。

第五章

我是如何推出一系列
「在激烈竞争中三小时
内售罄」的车站便当的

在大宫工作10个月后开发出
"限量版"车站便当的理由

　　我开发车站便当的契机，是应Ecute大宫的邀请为大宫站开发"限量版车站便当"。

　　Ecute大宫有一些老门店，这些店售卖的是只有在Ecute大宫才能买到的限定巧克力等商品。

　　Ecute大宫希望能有更多出售类似限定商品的门店，以振兴Ecute大宫本身，吸引更多顾客。

　　我虽然估计没戏，但还是咨询了公司的工厂。

　　不出所料，工厂直接告诉我："一个每天生产数万份便当的公司，不可能只为大宫特别生产二三十份便当。"

但我坚信如果可以把大宫限定的车站便当摆出去的话一定能大卖。于是，我开始苦苦考虑怎样才能制作大宫的限定便当。有一天，我突然想道："也许当地的便当商会帮我做呢？"

我想到了当地的一家车站便当供应商，他或许可以为我们提供这样的产品。

于是，我问了一个以前就认识的当地便当供应商："贵公司能为大宫制作限定便当吗？"

那是我被派往大宫大约10个月之后的事。

当地便当供应商并非没有危机感

我认识当地便当供应商的契机是由于一次便当保质期的打印错误。这是便当供应商和销售商都绝不能犯的大事故。

便当的保质期标签很多时候都是使用电脑打印的，但是日期和时间并不会自动改变。

每次都要有专人使用键盘重新输入数据。如果输错了保质期就会错位1天。

如果是17点到期的便当变成了13点到期，那还能说一句"本来还能卖更久的呢，虽然可惜但只能扔掉了，下次注意"就了事了。

但是要是保质期变成了第二天的话，就没这么简单了。

客人会觉得"还在保质期之内所以没问题吧"就把其实已经过期了的便当吃了，若因此发生食物中毒就是大问题了。

所以保质期打印错误是决不能有的事情。

但由于这是人工操作，所以失误不可避免。

我赴任以后的4月到6月之间，每个月都会出现一次保质期打错的失误。

我每次都会报告给Ecute大宫的店长。

有一次店长和我说：

"当地便当供应商是不是对打印保质期没有危机感啊？三浦女士，你能不能代表我们NRE（JR东日本集团旗下日本餐饮企业）去检查一下那里是否有适当的检查制度？"

我回答说："正如您所说，我认为我应该去检查一下。"

不过，我对当地便当供应商没有危机感的看法不太赞同。

在我们平时的交谈和传真往来中，我得到的印象是，员工工作非常努力，当出现打印错误的时候，他们会脸色铁青地从八户或一关冲到大宫来。

然后，他们很抱歉地把解决报告递给我，诚恳地解释说下次会加强这些检查，便离开了。

报告中的检查项目之多，甚至让我无法理解是如何检查的。

我很难相信，会如此诚恳地前来道歉的便当供应商，工作起来竟然没有危机感。

在这种情况下，我决定亲自去看看当地便当供应商到底是怎么工作的。

"我们也有责任，大家一起想办法吧。"

首先，保质期打印错误不应该是便当供应商单方面的责任。

我对专程来到大宫向我解释复杂检查制度的负责人说："你们不要为了检查而检查。没有检查就出售产品是我们的问题，所以先想办法改变标签的显示方式和印刷尺寸，让标签更容易阅读吧，这样我们就更容易检查保质期了。"

后来，当时与我交谈的负责人告诉我："听到三浦女士的话，我大吃了一惊。"

在那之前，他们去道歉时总会被斥责："你们到底在想什么？就因为你们送来了这样的东西，我们的日子才不好过！"

他们建议做一份交货检查表时，还被一口回绝："别胡扯了，凭什么要我们在交接时搞这么麻烦的检查？"

"是三浦女士第一个说'大家都有责任，一起来想办法吧'的。"

负责人这么说道。

如果我好好检查了标签，提前发现了打印错误，我可能也会说："你们在做什么啊？"

但我们在没有意识到的情况下错误地卖出了商品，被质问销售责任时，我们也推脱不了。

再说了，再怎么责怪别人的错误也解决不了问题。如果这样就能解决问题，那早在我上任之前，问题就已经解决了。

为了避免出现绝不能犯的打印错误，就必须分析错误的原因，并制定防止错误发生的方法。这是对在我们这里购买便当的顾客应当负起的责任。

最后，我们决定使用前辈准备的详细检查表，逐一检查所有便当的标签，确保印刷无误。起初，我还觉得那些不得不做更多检查的工作人员很可怜，但他们检查得十分认真，甚至让我自己都开始怀疑换成我还能不能做得这么好。

公司内首例！走访所有出现
打印错误的车站便当供应商

　　Ecute大宫的店长那一句话成了我决定考察当地便当供应商的契机，但我担心，如果我和上司讨论这件事，他会不会说："别担心，你上面的人已经检查过了。那不是你的工作。"

　　我自己是非常想去考察当地便当供应商的。

　　作为一个卖车站便当的人，我非常想知道车站便当是如何制作的。

　　于是，我只把情况告诉了我的直属上司。

随后，我决定走访八户、一关、米泽、山形和新潟的所有9家出现印刷错误的车站便当供应商。

当时是7月，我到大宫已经四个月了。

第一天，我去了米泽（新杵屋、松川便当店）和山形（森便当），第二天去了八户（吉田屋），第三天前往一关（斋藤松月堂、阿部中）和新潟（三新轩、新发田三新轩、新潟三新轩）。

在参观的前两天，我们的工作人员会联系每家车站便当供应商，表示"我们的所长想看看是如何制作车站便当的，到时就麻烦你们了。"

当我们到达每一家供应商时，每个人都以统一的僵硬表情迎接我们。

打完招呼后，他们都问道："对不起，是我们做错了什么吗？"

在此之前，我公司的一线员工从未访问过这里。这是当地车站便当供应商第一次接待销售车站便当的员工，他们自然会感到紧张。

我对接待我的人阐述了我的访问意图，表示我个人很想知道美味的便当是在哪里生产的，还想确认一下标签检查功能，就如何防止标签错误交换意见。

随着我们坦诚的交谈，供应商们僵硬的表情逐渐松弛下来，我们在齐心协力的气氛中参观了工厂和厨房。

关于标签的检查功能，确实有一些供应商做得不是很彻底。

我们向这些供应商提出了建议，希望他们能进行更充分的检查。最终，我们顺利完成了对9家车站便当供应商的考察。

"三浦女士，你工作做得真好"
——用充满感情的报告书抓住人心

第二天，我向 Ecute 大宫的店长汇报了我对车站便当供应商的检查情况。

我想着这汇报还是尽早做了好。

在行驶的新干线上，我在笔记本上记下了我的感想。

如果不把见到的人和看过后的感想写下来，回到办公室就会忘记了。

在访问的供应商中，有些地方气氛生硬到底，而有些却非常融洽。我坦率地写下了这些印象。

访问结束后立刻写下的文章很有代入感。即使我后面再想写，也不可能写出这样的句子了。

报告就是根据这些笔记整理出来的。

我在一页上总结了标签检查体制的报告，在另一页上总结了我对当地便当供应商员工工作方式的印象。

我想说明的是，虽然有人告诉我便当供应商可能没有紧迫感，但事实并非如此。

我没有想着如何很好地总结，我只是把想到的写了下来。因此，我的报告变成了一篇非常饱含感情的文章。

我说："这只是一篇感想文。阅读时请注意这一点。"然后递上了报告。

店长平静地收下了报告，但我们下次见面时，他笑着说："三浦女士，你工作做得真好。"

被一个平时不怎么夸奖我的人直接表扬，我感到非常高兴。

后来，NRE 的经理还告诉我，Ecute 的经理看过报告后说："她非常积极，工作也做得很好。"

如果不是当时Ecute大宫店长的这番话，我想我之后不会采取这一系列行动。我现在仍然很感谢他坦率地对我说的这些话。

在实际走访当地便当供应商的
过程中印象最深的事

　　走访当地的便当供应商是一次很好的学习经历。

　　我可以四处走访、亲眼看到我脑海中想象的一切。
实地看到的东西是我通过电话沟通无法了解的。

　　最让我印象深刻的是，当地的车站便当供应商真的
很卖力。

　　我意识到，正是因为他们如此努力，才能做出如此
美味的便当。

　　和他们见面聊了聊后，我和便当供应商的关系也得

到了扩展。

因为我和他们面对面交谈过，所以当我打电话时，他们马上就能认出我来："啊！三浦所长！"

"你们有什么新产品吗？如果有新产品的话，可以放在我们店里哦。"这种稍微深入的话题我们也能聊了。

如果我们还是只通过电话或电子邮件交流，最终也只能是形式上的交流。

这次访问之后，东北地区的便当供应商引进了计算机标签制作系统，并开始以统一的方式制作保质期标签。

以前，各家公司都是各做各的标签和检查系统，现在已走向统一。

当然，并不是说只要一口气引进最新机器就万事大吉了。在员工习惯操作之前，也出现过很多错误。

尽管如此，我们与当地的车站便当供应商之间建立了坚固的合作体系，这对我们来说是一个巨大的收获。

就这样，我加深了与当地车站便当供应商的联系，我也决定开发大宫限定车站便当。

如果不考察当地的车站便当供应商，我就不可能成功开发出限定车站便当。

前往一关，全力以赴解决包装纸问题

　　在拜访完当地的车站便当供应商的两个月后，2007年9月，虽然我收到了Ecute大宫的邀请，准备着手开发大宫限定便当。但不出所料，本公司工厂拒绝了我的要求，我也陷入了束手无策的困境。

　　后来有一天，我突然想到，当地便当供应商的灵活性更高，也许可以每天生产几份便当给我们。

　　于是，我决定咨询一关的斋藤松月堂。

　　那里的常务董事是个非常友好的人，和我一样以前也是家庭主妇，所以很容易就和她谈拢了。

当时是2008年1月，我来到大宫已经10个月了。

抱着本来就没戏的心态，我给她打了电话，问她："不好意思。请问能帮我们制作大宫限定的车站便当吗？"

出乎我意料的是，她一口答应道："如果是所长您的要求，那当然没问题。"

"但可能只需做5份或10份，我们可能连30份都卖不出去。这样也行吗？"

常务说："没关系，即使就那么点，我们还是可以做的。"

虽然斋藤松月堂愿意这样做，但对于一个便当供应商来说，就为了5份10份的订单而开发新产品并每天生产是非常困难的。

我很担心："他们真的能胜任吗？"我要求他们使用他们擅长且现有的原料。

当时，我的脑海里还没有想好要做什么样的车站便当。

然后，我确定了时间表，说："我们一个月后进行产品开发，下个月再讨论便当包装纸和盒子吧。"说完，我就挂断了电话。

但两周后，我认为仅仅通过电话是不够的，我们需要当面讨论此事。

我立即联系了公司，说我要去一关，并再次拜访了斋藤松月堂。

我到达时，不仅常务，就连经理也在等我。

在商讨各种问题时，我想起了本公司的销售策划室制作的一款名为"悬纸"的便当包装纸。

通常悬纸从设计到印刷都是请印刷公司来做的，但那至少需要 3 000 到 5 000 张的订单量。

如果我们开发的便当因为卖得不好而不得不收手，那将是斋藤松月堂的一大损失。

我不想让便当供应商承担这样的风险。

在这方面，虽然只制作 1 张便当纸的成本相对较高，但一张一张的纸处理起来更方便。

于是我说："我们先试着销售便当吧，如果卖得好再请印刷厂大量印刷。在此之前，悬纸的制作就先由我这里负责吧。"

经费也是我方承担。当然，利润会比较低，但我们不是想靠限定车站便当赚钱。

我听说在东京站的车站便当店里出售的东京站限定便当很受欢迎，所以我想在大宫站也搞一个"我们也有限定品"的宣传点。

我毫不犹豫地说："悬纸的事就交给我们吧。"

斋藤松月堂也很同意这样做，悬纸问题得以圆满解决。

紧张地向松川便当店经理打的一通电话，却发展为东北地区七公司合作的大项目

当我萌生在本公司制作悬纸的想法时，我就在想："这样一来，也许就能多请一家店制作限定便当啊。"

在宣传限量版车站便当时，两种车站便当总比一种更有吸引力。

我决定让八户的吉田屋来做这件事。

我之前去拜访他们时，发现品质管理部长高比坐女士性情开朗而且很好说话。

当时，高比坐女士正好在东京出差，于是我请她顺便来我们办公室一趟，拜托她开发一款限定车站便当。高比坐女士欣然同意，但有一个条件——

东北地区共有12家便当供应商，他们成立了一个名为"陆奥（みちおく）车站便当会"的组织。

高比坐女士说："如果我们开始销售限量版车站便当而不通知车站便当会，只与斋藤松月堂联系，那么其他供应商可能会问'为什么只有你们得到这么多好处？'而心生嫉妒。"

她接着说："请与陆奥车站便当会会长好好谈谈，以免日后产生怨恨。"

陆奥车站便当会会长是米泽的松川便当店的经理。

我也曾在7月份拜访过松川便当店，但经理正好不在，所以我从未见过他。

想到要联系连长什么样都不知道的松川便当店经理，我感到非常尴尬，但高比坐女士留给我一句"只要松川便当店同意，那我也制作限定车站便当"，然后就回八户去了。

我别无选择，只能联系松川便当店的经理。如果我不联系他，最坏的情况就是斋藤松月堂的便当开发计划也遭到夭折。

与高比坐女士谈话的第二天，我就下定决心给松川便当店打电话。

我在电话中向经理说明了情况，并问他是否同意让斋藤松月堂和吉田屋生产大宫限定产品。没想到经理回答：

"那我们也用米泽的牛肉制作限定车站便当吧！"

我急忙回答说："如果在东京站售卖的话可以大量进货，但在大宫就只能卖出5份或10份。再怎么努力，一天也只能卖20份，这就是极限了。"

但经理说："我们还是会做的。"

不仅如此，他还说："两周后，我们将召开陆奥车站便当会会议，让大家都知道这个限定车站便当的开发计划。如果有人想做，我们就一起开发吧。"

我很困扰，想让经理重新考虑，就说："我们在大宫确实卖得不多。"但他不听，说："不，我估计有些店也想做，让我们和他们谈谈吧。"

没办法，我只好说了声"好吧，那就麻烦您了"就

图片：炭火烤肉便当

挂了电话，但一下子又觉得不知所措。

涉及这么多供应商之后，如果限定车站便当失败了，我该怎么办？

最终，七家便当供应商同意开发大宫限定便当，作为"陆奥日和"系列进行销售。

而且，这个事情还传到总公司的公关部，引起了正在总公司采访的一家电视台编导的注意，于是电视台就来采访了。

电视台只是正巧想找个关于车站便当的有趣材料，而我发觉自己的一点小想法正发展得越来越夸张，这起初让我非常迷茫。

不要"幕间便当^①"！要的是只用一种特色食材做的车站便当

但我也不能一直迷茫下去。

随着计划的推进，各供应商开始发力了，我也觉得必须想办法让这个项目成功。

围绕限定车站便当思考良久后，我的脑海中浮现出了适合向客人推荐的车站便当的雏形。

---

① 幕间便当：在江户时代（1603—1867），去田野、山野游玩或看戏时，便当盒是必不可少的。"幕间便当"这个名字最初是在中场休息、幕布落下时吃的。

首先，从家庭主妇的角度来看，1 000日元或1 500日元的便当是非常奢侈的。因此，好味道、好用料和好外观是不能让步的要求。

我们还要求供应商提供"简单但是有当地特色的便当"。

我们要求他们只采用一种当地的特色食材做车站便当。

反过来，我们也要求他们"真的不要做"超过一种米饭、放少量但多样的小菜，搞得很有格调似的便当。

我们认为这样的"幕间便当"会失去地方特色。

我还告诉他们，如果他们对口味有信心，可以采用过去发售过但是卖得不好的便当。

"只要换种名字、包装盒、包装纸，或是摆盘和外观，那种便当就能焕然一新哦。"

我一开始就提出了上述条件，之后再要求七家公司各自提出自己的概念和内容以及大宫限定便当的草案。

其中，六家公司开发了全新产品，一家公司选择了更新旧产品。

我对各供应商的便当方案提出了各种意见。

例如，当我看到一份类似于"幕间便当"的提案时，我本能地认为"这肯定卖不出去"，于是要求重新设计，并说："这和我想象的不太一样。"

我还告诉他们，出于成本考虑减少肉量并拿素菜来弥补的便当"会失去冲击力，多余的配菜还不如不放。"

有些便当的配菜下面可以看到很多白米饭，我明确告诉他们"虽然这些便当味道不错，但如果卖相不好看的话就卖不出去"，有些供应商还让我帮忙改进包装。

还有一个供应商给我们提供了两种便当，我向他们提了个不太合理的要求："能不能把这个便当的烤肉和另一个便当里的肉丸放在一起啊？"

我还明确表达了我对调味的想法。

我说："腌菜和烤肉不配的话，改为泡菜和凉拌小菜怎么样？"然后供应商又想出了一个绝妙的主意："那就再加一个半熟鸡蛋吧。"

在品尝烤肉时，虽然每个人都说自己更喜欢姜味的肉，但只有一个人坚决支持蒜味的肉。

结果，我们都跑到供应商的厨房去彻底试吃了好多遍，最后我还是决定贯彻我自己的主张。

论及饮食时，不过是一介家庭主妇的我对着专业的车站便当供应商说三道四，估计供应商一开始很吃惊吧。

但是，全心全意地为亲朋好友烧了20年饭菜的我对自己的味觉同样自信满满。

我从小就既喜欢吃东西又喜欢做饭，因此在食物这方面，我比常人更讲究。

更何况，我还有拼命推销各类便当的经验。

我相信我在打开便当那一刻的第一感觉，比如"这样的便当卖不出去"或"这样的便当更容易推销"，这感觉肯定比便当供应商更敏锐。

因此，我直接告诉他们我的看法："这种便当不好吃""这种便当卖不出去"。

便当供应商也被我的热情打动了，说："既然三浦女士这么说，那就这么办吧"。

作为生产者的车站便当供应商和作为销售者的我在经过充分商讨后，最终创造出了非常好的产品。

准备的210份便当在短短三个小时内就销售一空

我们把限定便当发售日定在7月的三天长假第一天。这是这个季度便当最畅销的日子。我们以在6月中旬前做好所有准备为目标，逐步推进开发进程。

发售当日，我要求各公司在上午分别准备30份便当，我也站在店前迎客。除我之外，各便当供应商的代表也站在了店前，Ecute大宫的员工也参与了叫卖。

便当于上午11点起售，但在短短3个小时内，我们准备的210份便当就全卖完了。

起初，我本以轻松的心态来开发车站便当，但渐渐地，它变成了一个大项目，在这个过程中，我有时会感到力不从心。

　　一切对我来说都是陌生的，有时会让我感到不安和困惑。

　　但是，当我看到我灵活运用了当家庭主妇和钟点工时拼命卖便当的经验后，将辛苦制作的便当一个接一个地卖出去时，我真的很高兴。

　　同时，对于将其发展成了一个大项目的松川便当店经理，我也充满了感激之情。

　　起初，我打算只让斋藤照月堂和吉田屋开发大宫限定便当，但松川便当店经理的一句话，就把它变成了整个东北车站便当会都参与的大项目。结果，它成了热门话题，并产生了巨大的销售连锁效应。我对松川便当经理的果断和带动他人参与的能力肃然起敬。

想到就行动！相继开发两种车站便当

　　有了便当供应商的帮助，大宫限定便当的开发成功收尾。但那时，我们还没有增加新限定便当的想法。

　　当然，我也想过相信自己的味觉和经验不断开发新的车站便当，但这离不开能将我的想法变为现实的车站便当供应商。因此，我认为要开发新便当并非易事。

　　但是，我心里突然浮现出了一个新便当的点子。

　　如果有在饭上只摆满了海胆的便当，那可不要太有魅力啊！一想到这里，我就坐不住了，赶紧去找上斋藤松月堂，请求他们再开发一次便当。

在这之后，我萌生了一个想法：这次开发新便当，不如试试看和新潟而非东北地区的便当供应商合作。

有了这个想法后，我决定在三个月后启动这个项目。

当时七款限定车站便当刚刚上市，销售情况很好，也没有电视台计划来报道，所以我决定把这个想法留到一个更好的时机，但这作风很不像我。

三个小时后，我马上就后悔了。

"我不该犹豫。一想到什么就马上去做，这才是我的长处啊。而且攒着的点子等三个月后可不一定能行。"

我在上野59号店担任店长时，一位销售对我说："三浦女士，你别这么拼着刷业绩啊，明年会更难的。"

当时我心想：

"谁知道我明年还会不会做同样的工作，这人在说什么啊？就算我今年的销售额点到为止，第二年又没人可以保证我的业绩更成功啊。那我还不是现在就应该全力以赴吗？"

我想起了当时的想法。

如果我把这个点子留到当前限定车站便当销量下降

时再用，那我就不可能成功了。反省完自己想出了这么不符合自己性格的主意之后，我立即联系了新潟的车站便当供应商。

2008年12月，我开发了越后地区"咋样（なじらね）"系列的第一款产品——新潟酱汁猪排饭。

"大宫限定取消"后诞生的"正好（いやんばい）"系列松川便当

从2008年7月开发的"陆奥日和"系列起，到12月的"咋样"系列为止，我们还顺利推出了"正好"系列便当，即松川便当店"米泽牛烤肉饭松川便当"的缩小版。

这里面还有点小故事。

10月，东京站举办了"车站便当节"，七种大宫限定的车站便当被特别出售了两天。

当时，东京站的车站便当负责人非常喜欢"米泽牛

烤肉饭　松川便当"。

他邀请松川便当店的经理在东京站也出售这种便当。

经理拒绝道："那是三浦女士制作的便当，我们只能在大宫销售。"但负责人没有放弃，两周后再次向他发出了邀请。

东京站每天能卖出50份左右便当，松川便当店会心动也是理所当然。

随后，我收到了一封松川便当店经理的电子邮件，信中写道："东京站负责人想在东京站出售松川便当，但我们不能在大宫以外的地方卖吧？"经理平时都是与我电话交流，因此我一看到电子邮件，就察觉到了他心中的苦恼。

于是，我立即打电话给他，说："我们取消限定吧。"

经理大惊："你确定吗？"但我心里的确没有"既然是限定，那就必须限定在大宫范围内"的打算。

"我的想法受到认同，可以离开大宫独立成长了，这事多让人开心啊。我们在东京站也卖吧！"

但是，就这么减少了一种大宫站的限定车站便当也不太合适。

我对经理说："让我们想点新商品吧。"但是，要再次开发全新的便当，对供应商来说是个巨大的负担。

于是我突然想道："不如把大宫限定便当做小一点吧！"

本来我也觉得"松川便当"的分量对女性来说有点太多了。此外，对于家庭主妇来说，1 500日元的便当还是很奢侈的，所以我们决定把"松川便当"做得小一点，定为1 050日元。我确信这一定会大受女性顾客的欢迎。

就这样，"松川便当"的缩小版"正好"系列便当诞生了。

"正好""平泉我最爱的金色海胆餐"
——创造绝妙名字的秘诀

起初，松川便当店的经理并不喜欢"正好"这个名字。

在米泽方言中，这名字的意思是"恰到好处"，所以我猜他不想把装有米泽牛肉的豪华便当称为"恰到好处"。

但我的脑海中甚至已经想好了一句宣传语："无论是口味、数量还是价格，都是'正好'。"

此外，方言的使用也赋予了它地方色彩，使其具有当地特色便当的典型形象。我自认为这是一个绝妙的名字。

此外，在向顾客推荐便当时，"正好"这个名字也非常有用。

对于询问"什么是'正好'"的顾客，可以说："在米泽方言中，'正好'是'恰到好处'的意思。它是'松川便当'的缩小版，味道、数量和价格都恰到好处，所以叫'正好'。"

这样的交流让销售人员倍感轻松。

因此，便当的销量会更好。

所以，我尽量给自己开发的便当起一个能方便店员与顾客交流的名字。

例如，斋藤松月堂开发的只有海胆饭的便当就叫作"平泉我最爱的黄金海胆餐"。

由于日本东部地区已经有了名为"海胆饭"和"海胆便当"的便当，因此他们起初立刻定下了"海胆餐"这个名称。

如果仅仅叫"海胆餐"，就没有什么冲击力了，所以我以平泉的金色堂的"金色"二字为素材，想出了"平泉金色海胆餐"。

图片：平泉我最爱的金色海胆餐

最后再加上"我的最爱"，这就完全是"我自己喜欢"的意思了。

我提出了这个便当的概念，它完全是按照我的想法制作的，所以我就忘乎所以地把"我的最爱"放了进去。

"我的最爱"这个词产生了更大的冲击力，一些顾客会问："你说的'我'是指谁?"

然后，店员就可以说"其实是我们的所长哦"，从而开始对话。

总之，我认为命名的关键在于起一个能诱发客户提问的名字。

比起吸引100人的1种类型，不如吸引5人的20种类型

在开发车站便当的过程中，我所追求的便当风格也逐渐清晰起来。这种样式被称为"盖浇饭"，即把配菜盖在米饭上面。

我告诉供应商，我希望便当盒里最多只有一个隔板，而且要有强烈的冲击力，米饭上应该放以严选食材和调味做成的主配菜。

这并不一定是我的喜好，而是这样简单的便当往往更符合顾客的喜好。

例如，喜欢吃肉的顾客会很乐意吃满满都是肉的便当，而喜欢吃鱼的顾客则会喜欢以精选海鲜食材为主的便当。

另外，简单的便当有明确的宣传点，方便店员推荐。

例如，如果便当是用米泽牛肉制作的，就可以这么推销："这个便当里有米泽牛肉，肉质非常美味。"这种推销方式，即使是缺乏经验的新销售人员也能轻松地掌握，顾客也能直接了解该便当的吸引力。

然而，"幕间便当"就并非如此。

"这是家常的'幕间便当'。您觉得怎么样？"这样的宣传效果很弱，即使是经验丰富的销售人员也很难向顾客传达便当的魅力。

相较于一个混搭各种半吊子配菜且毫无闪光点的便当，一个简单易懂的便当肯定更容易推荐。

然而，这样简单的便当也不一定会受到很多人的欢迎。

例如，如果你向100个人推荐一种只装了鲭鱼的便当，能感到满足的估计也只有5个人。

但如果准备肯定能满足5个人需求的20种不同的便

当，那么100个人都能得到满足。

因此，我在大宫的店里摆放的就是肯定能让5个人满足的便当。

我提供几十种这样的便当，尽量满足不同顾客的口味。

这样，所有顾客就都会满意。

怀着这种想法，我一直增加便当的种类，如今大宫的车站便当店专卖店可提供近90种车站便当。

这些全是我有信心向顾客推荐的便当。

当然，如果我能开发出让100位顾客都满意的产品，那将是降低成本、增加利润的最佳途径。

但开发一种一定能让100人都满意的便当是不可能的。

在100个人中，有不喜欢吃肉的，也有不喜欢吃鱼的，因此无论你在一份丰盛的"幕间便当"中准备了多少配菜，也很少有人会喜欢所有的配菜。

大多数人总会发现一两道他们不喜欢的配菜。

当你打开便当，看到里面有你不喜欢的东西时，你就会有点失望。

在开发车站便当时，不要贪心地说"我要满足这个顾客、那个顾客"。如果你想把各种配菜放在一起，那么你的便当就会很混乱，销路也不会好。

这也是为什么我拒绝"幕间便当"等配菜种类多但量少的便当。

在直江津赏花时偶然进行的
限定便当商讨

不过，仅有一种便当是我放弃了对"盖饭便当"的执着后开发的。

它就是新潟县直江津市海马特（ハイマート）开发的"爱御膳（愛のご膳）"系列便当。

我和海马特的缘分始于2009年4月我去直江津赏花时。我住的酒店碰巧就在海马特旁边。

在此之前，直江津只有在车站便当节时才会出售一些车站便当，而并未日常售卖。加上离大宫距离较远，

图片：宾馆门前合影

所以我也没想过订购直江津的便当。

正赏花的我看到海马特，顿时灵光一现："大宫已经有90种车站便当了，但果然少不得直江津啊。就算只有一两种，一天卖5份也行，我也试试这里的便当吧。"

于是我为了拿宣传册立刻去了店里。

拿到宣传册以后，我问女员工："这里可以买车站便当吗？"

"车站便当的话，都放到车站那里去了。"

其实我也不是现在就要车站便当，于是我说："我知道了，实际上我在大宫售卖车站便当，我只是对海马特的车站便当感兴趣，所以只要一本宣传册就可以了。"说完，我就准备离开。

然而，女员工急忙打电话将总务科长立石请了过来。

总务科长对初次见面的我也很客气，给了我三份试吃用的车站便当。

第二天，回到大宫的我马上给海马特打电话，开始订购车站便当。

之后，从海马特开始进货才一星期，我就厚脸皮地打电话询问能不能给我们做大宫限定车站便当。

"啊?"海马特那头一瞬间愣住了。听了我的说明以后,他们逐渐理清了这事的来龙去脉,终于接得上话了。

"这是只能在大宫站售卖的吗?"

"不,我希望你们也能在直江津销售。"

"我们能在直江津和大宫销售的话就没问题,就这么办吧!"

就这样,海马特同意开发限定车站便当。

厨师和我的讲究发生激烈冲突！

到开发决定为止，一切都是一帆风顺的，但是开发中就没那么顺利了。

车站便当开发组向厨师传达了我想做"盖浇饭"以及拒绝"幕间便当"的想法。

然而在我试吃时，意料不到的事情发生了。

他们准备的便当使用了隔成了四格的便当盒，里面放有各种配菜但量只有一点点。

这和我先前告诉他们的想法差太远了。

而且配菜里还有炖蔬菜。

老实说，我并不喜欢车站便当中放有切成花朵形状的胡萝卜。我想，这么没味道的胡萝卜还不如不放的好。

所以，我就从胡萝卜的炖菜开始品尝。我以为肯定很难吃。

但当我尝到的那一刻，我被它的美味惊呆了。

不管是四格的便当，还是炖菜的味道，全都出乎我的意料，我产生了困惑。

但是有一点我无法放弃，那就是要将便当做成"盖浇饭"。我要求厨师有水九三男先生更换便当盒，并再次表达了我对"盖浇饭"的执着。

尽管如此，有水先生还是不愿意让步，他说："我不明白你的意思，三浦女士。""我不明白你的想法。"

我提出的"盖浇饭"会将配菜和米饭的味道混合在一起。作为厨师，他可能无法忍受。我想他已经下定决心，绝不会做这样的便当。

但我对自己的直觉很有信心，这是我多年来卖车站便当时练就的。

我觉得我不能改变自己的风格，因为我比有水先生更清楚什么样的车站便当会畅销。

最后，我们没能在那天取得一个折中方案。离开海马特时，我们约定在下次品尝之前再重新考虑一次。

为什么取名为"爱御膳"?

第二次试吃那天，我去直江津时感到很不安。

当我看到桌上的便当时，我知道我的不安是正确的。

这和上次用的是一样的便当盒。

"他们真顽固，又用这个便当盒。明明都没时间了，我怎么才能让他们重做呢。"

当我这么想着打开便当时，一种奇怪的感觉涌上心头。

我还没开始吃就感觉到："这到底是什么啊，这个便当。这绝对好吃啊。"

图片：爱膳便当

仔细一看，四个格中有一格是米饭上放着半熟鳕鱼子的"盖浇饭"。有水先生以自己的方式尊重了我的执着。

　　我先从鳕鱼子饭开始下筷，并逐一品尝了配菜。"好吃，这个也好吃。"而且炖菜也是先前吃过的好味道。

　　试吃后我说道："就用这个吧！"

　　光是强行推进自己意见，是做不出好东西的。

　　除非有时我们诚实地认同与自己不同的意见"嗯，是啊，这种风格也不错啊"，否则事情就不会朝着好方向发展。

　　正因为我们分享各自的想法——有水先生的烹饪技巧和我作为销售专业人员的点子——并相互认可，才创造出了完美的便当。

　　就这样，便当本身是完成了，但我们还为命名费了一番脑筋。

　　因为它是直江津的"爱御膳"，所以往往会被认为是根据大河剧直江兼续①命名的，但这只是偶然。

---

① 大河剧直江兼续：日本长篇历史电视连续剧中的人物名——直江兼续。

我认为，这种便当像"幕间便当"但又不是"幕间便当"，像镶嵌着各种配菜的什锦便当但又不是什锦便当，若要用"××便当"或"××饭"这样的惯用名称，是对这个便当的不尊重。

我们觉得还是"××御膳"适合这种便当，但就是想不出来其他几个字。

30分钟后，我突然想到了"爱御膳"这个名字。

在一旁看到主厨有水先生热爱食材的身影，"爱"这个字就浮现在了我的脑海里。

我对经理说："'爱御膳'怎么样?"话音刚落，经理就说："这个好啊! 就这么定了!"就这样决定了。

一定要尝味道!
开发后的品质维护十分重要

有一天，我发现 2 000 日元的怀石料理便当总是卖不出去，于是我决定打开剩下的两个便当中的其中一个尝尝。

平时，如果便当里经常用新的食材，我总是会尝一尝味道。

一尝之下，我大吃一惊。香菇糁薯（往香菇上放虾肉糜）的味道非常糟糕。

这可不是 2 000 日元便当该有的味道。

我想，我该怎么办呢？

如果我是钟点工或兼职人员，我本可以简单地对分店长或所长抱怨："所长啊，您尝尝这个。这么难吃的东西，绝对卖不出去啊！"但我是所长，不能向任何人抱怨。

而且，便当是我们自己公司的工厂生产的。同一家公司，就更难投诉了。

我烦恼了一天，但想到顾客，我觉得不能就这样算了，于是就拨打了电话。

大约一周后，我收到了公司的反馈：

"三浦女士，你说得太对了。那个便当真的很难吃啊。"

最后，香菇糁薯被换成了别的东西，问题成功解决了。

出现这些问题是因为制作便当的人没有好好尝味道。

生产者应该更经常地品尝，以确保所生产食品的质量。我也会品尝自己开发的便当。

如果我觉得"这里这样做更好"，我会立即告诉供应商。

有一次，我告诉松川便当店"肉酱的味道太淡"，并要求他们改进。

但改进后又太浓，于是过了两周后，我又去说"对不起，这次好像有点太浓了……"，又让他们改了一次。

尽管松川便当店告诉我们"没关系，有什么问题不要客气，全跟我们讲吧！"，但还是有些难以启齿。

即便如此，要为顾客着想，还是应该品尝味道，有必要的话每次都得改进。

不能只是一味地开发便当，而应该重视开发之后的多次检查，以维持便当的品质。

当然，仅仅保证质量是不够的。有时，也会有便当明明非常美味但依然卖得不好。

停止销售该便当也是一种选择，但大家对一起辛苦制作的便当仍有一定的感情。

这时，你就必须更新产品，让它再次成为畅销产品。

更新内容包括便当的菜品，当然还有名称。

我们不仅要确认便当的内容，还要确认便当的命名和包装是否有影响力，是否具有地区特色，能重新做的都要重新做。

便当的开发不是开发完就结束了的。开发后的品质维护也很重要。

车站便当开发最重要的一点

作为产品开发的门外汉，我之所以能够开发出15种车站便当，是因为我与当地的车站便当供应商建立了牢固的信任关系。

这可能要归功于我容易交朋友的性格和想到就做的行动力。

一有紧急情况，我就会立即到现场与供应商见面；我还与他们一起烤肉，为车站便当起名字。渐渐地，他们开始信任我、认可我。

正因如此，我才能对他们提出严厉的意见："不好的东西就是不好！"

如果我把一切都交给供应商，我就不可能如此坦率地表达自己的意见；即使我表达了，供应商也不会如此坦然地接受。

在这种情况下，我们的开发工作不可能如此成功。

我认为，我们成功的关键在于，我们能够清楚地表达彼此的意见，对自己不知道或没有想到的事情持包容的态度，与供应商组成一个二人三足的团队。

面对偶尔提供产品建议的供应商，有的人只会一味地否定："你们不能卖这么差的东西。"

当销售商问："那要如何改进才能卖得出去呢？"那种人就会回答："这不是我要考虑的问题，而是你们要考虑的问题。如果你能带来好产品，我才卖。"

但这种态度永远也不会生产出好产品。

要开发出好产品，就必须提供自己知道的所有信息，提出尽可能多的建议，并在有意见时畅所欲言。

任何产品都不是一个人就能开发出来的。

只有当生产者和销售者的热情和技术结合在一起时，伟大的产品才会诞生。

第六章

家庭主妇的经验一定可以活用！育儿是「奇迹的服务业」

"选高中"是人生的转折点

我曾就读于青山学院大学附属高中，并直接升入青山学院大学。

青山学院大学附属高中并不是我的第一志愿。实际上，我想去的是日本女子大学附属高中，那是我母亲的母校。但我在入学考试中做错了几题，不幸成了候补。

我觉得自己也许能通过候补录取，所以在考上青山学院大学附属高中后，我仍然在等日本女子大学附属高中的电话。

但等了大约两天后，我对自己说："这么傻等下去也不是办法。我还是直接去录取了我的学校吧。"最终我去了青山学院大学附属高中。

这个决定对我来说是一个重要的转折点。

如果我没有在日本女子大学附属高中的入学考试中答错，就不会有今天的我。

在大学里，我进入了文学院史学系。我没有什么特别想学的专业，也没有将来的梦想。

从高中升入大学时，可以选择的学院专业是由高中成绩决定的。当时，青山学院大学最受欢迎的系是文学院英美文学系。

我本也可以进英美文学系的，但我完全厌倦了高中那种吹毛求疵的英语课。于是，我去了史学系，这是仅次于英美文学系的热门专业。

总之，我是根据学校的名气选择就读的。如果我当时选择了我真正想学的经济系或法律系，那么我的人生也许就会有180度的改变。

我的父母是那种认为"把钱留给孩子也不会有好结果"的人，所以就把所有钱都花在教育上。

所以，他们顶着巨大压力送我哥哥和妹妹去了美国留学。

  如果我也攻读了真正想读的专业，也许我也会像我的哥哥、妹妹一样，成为一名公司职员。

在兼职销售男装时成了销冠

　　我上大学时，父亲在市谷从事男装生产和批发工作。

　　每逢打折季，百货公司都会举行促销活动，我总是自告奋勇地去那里当售货员，一干就是一个星期左右。

　　因为是父亲公司的产品，我自然觉得绝对要卖出去。我告诉客人说"这些绝对不亚于名牌产品！"或者"这很划算哦"，尽我所能推销产品。

　　因此，我的销售量总是顶尖。

　　部长说："由纪江小妹妹总能卖出很多产品！"结

果，我的打工工资和专业服装模特持平了。我每天的工资是 6 000 日元，这在当时是相当高的薪水了。

虽然我自己没有意识到，但在那个时候我可能就已经展现出了我在待客销售方面的天赋。

在校结婚→大学辍学后一次都没进过社会就成了全职主妇

我还在上大学时就有了孩子，因此在校时就结了婚。

我本可以继续上大学并顺利毕业，但我最终还是在大四时辍学了。

母亲极力反对我辍学。

事实上，她也在大学辍学了。她当时不顾父亲的反对上了大学，但一两年后，父亲对她说："你上够没有，赶紧辍学和我结婚吧。"于是她别无选择，只能结婚了。

当时正值战争时期，母亲无法再违背父亲的意愿。

所以她对我说："你马上就要毕业了，我来照顾你的孩子，你就把大学读完吧。不然之后你一定会后悔的。"

事实上，毕业确实不难。

然而，那时候并非像现在这样——女性能在社会大放光彩。我周围的人都说："孩子都生了，就别上大学啦。"

既然大家这么说，我也别无选择。我决定放弃大学学业，专心抚养孩子，做家庭主妇。

尽管如此，想起自己没有走向社会就进入了家庭，多少还是有些遗憾。

虽然我从来没有意识到这一点，但我可能就是那种天生要出去工作的人。有一次，我推着婴儿车带着孩子去百货商店购物，偶遇我的初中班主任，她对我说：

"你居然结婚了！？连孩子都有了？我还以为你是那种单身努力工作的人，好意外啊。"

当时我想："老师你太高估我了。"但果然在我内心的某个角落还有一种"一定要走进社会工作"的愿望。

大学同学毕业后都出去工作了。

有人毕业后进了出版社当编辑，有人则在丸之内办公楼当女白领。

看着这些人，我总会想："她都能有这么好的工作，换我的话能有多少可能性啊。""我能做什么呢？"我感到很懊恼。

最重要的是，我觉得自己是唯一一个被抛下的人，感觉很不爽。

然而，20世纪70年代中期，妇女并没有强烈的就业意愿。妇女在就业时都会被假定婚后会辞职。

最典型的是城市银行。女性找到一份一般职位的工作，然后嫁给一个综合职位的男性，最后结婚辞职。这种情况就像理所当然一样，甚至都有人说"女性的退休年龄是25岁"。

即使是我那些努力工作的朋友，她们中的大多数也在25岁左右就结婚并辞去了工作。

几年后，我的大多数朋友都和我一样成了家庭主妇。

就此，我那"到社会上工作的愿望"也越来越淡薄，很长一段时间里，我都忙于照顾三个孩子。

"钟点工什么的不要太丢脸啊" 的声音变为 "三浦女士的工作 做得最好" 的瞬间

丈夫继承了父母的事业，在上野经营自己的生意。

做生意有顺境也有逆境，所以需要有积蓄以备不时之需。而且利润越多，就越需要投资扩大业务，所以我们的家庭预算并不宽裕。

我手头没有一分闲钱，连小小的奢侈也不怎么能享受。

我想正是因为这种情况，我丈夫才允许我去干白班钟点工。

但我周围喝茶的朋友或高中大学的朋友并不知道这些情况。我在孩子的教育上花了不少钱，所以在外人看来我的生活似乎很惬意。

当我开始在车站做便当销售钟点工时，周围的人经常问我："你为什么去工作啊？"

我想这是因为我高中大学的朋友中很少有人做钟点工赚时薪，所以她们觉得稀奇。

也有人在父母的资助下经营一家时髦的进口杂货店，或者每周在家里卖一次在国外进口的衣服，但我的朋友大多是大学毕业后找了工作，结婚后成为家庭主妇。

也有些人做钟点工，但工作类型与卖车站便当完全不同。有的是银行的信息员，有的是信用卡公司的电话员，这些都是热门工作，除非你有自己的职业经历，否则是不会被录用的。

因此，当我告诉朋友们我开始做钟点工卖车站便当时，有些朋友会说"钟点工多丢人啊"或者"你还真卖车站便当啊"。

但我本来就没有想做正式员工或合同工。我从大学辍学，没有在社会上工作过。我认为我唯一能做的就是钟点工。

而且我觉得职业没有高低贵贱之分，所以我一点也不觉得做车站便当销售钟点工有什么难为情的。

因此，当一位朋友对我说"钟点工多丢人啊"时，我回答说："有吗？卖车站便当也很开心啊。"

我心里想："这个人真不懂事。你这么会说，那你能做什么呢？"

但就在我努力工作了一段时间以后，我的一个朋友就对我说："说不定还是三浦女士你工作得最认真啊。"

在我20多岁时，我被其他人甩在了后面，但在25年后，我终于感到自己已经赶上了其他人，这让我非常高兴。

尽力做好全职主妇以后,
就能拥有顾客视角

我从开始做便当销售钟点工以来,就只知道站在顾客的角度思考问题。因为我从未在社会上工作过,所以这是理所当然的。

总是从顾客的角度考虑问题,是我的天性。

因此,对于公司的做事方式和员工的思维方式,我总是想:"这些人根本没有考虑过顾客啊,为什么他们只能这样思考?"

例如,有这样一位女员工。

当找到一份有点感兴趣的车站便当时，我对那位女员工说："我想尝尝这个便当，我买一份回去吧。"她的回答让我大吃一惊：

"你傻了啊，这么难吃的东西你还特意去买了吃？"

我简直不敢相信她们会把自己卖给顾客的商品说成是"这么难吃的东西"。

如果是"这么难吃的东西"，他们怎么能卖给顾客呢？

你不为那些买下"这么难吃的东西"的顾客感到愧疚吗？我绝不会把我认为不好吃的东西卖给顾客。

作为家庭主妇，我会希望为家人提供最好的食物。我会花费大量的时间和精力，在考虑原料成本等情况下，做出让家人高兴的饭菜。

更何况你是在为付钱的顾客提供食物，那么你自然应该提供你可以自豪地推荐的食物。我绝不会提供我没有自信的食物，也不会提供我认为不好吃的食物。

作为一名家庭主妇，这对我来说是很正常的感受，但让我感到非常惊讶的是，这位女员工对自己的工作却有着完全不同的认知。

我相信她可能是觉得工作就是工作，刚从学校毕业就开始工作就会变成这样吧。

但即使现在我已经身居管理岗位，我仍然认为这位女士的工作方式是错误的。我认为，要想提供好的产品，让顾客满意，就必须从顾客的角度出发。

习惯了工作，也不忘初心

为了从顾客的角度看问题，我认为重要的是不要忘记最初的感觉。

例如，我永远不会忘记第一次吃便当时"好吃"的感觉。即使是那些已经吃腻而不再觉得好吃的便当，第一次吃的时候也一定是很好吃的。

因此，每当工作人员说"这个便当不太好吃"时，我总会问："那么，你第一次吃的时候味道如何呢？"

"当时觉得很好吃。但吃了好几次后就腻了，不想再吃了。"

于是我对那些工作人员说：

"你吃不吃那个便当都行，但不要忘记你第一次吃它时觉得好吃的感受，并将它传达给顾客吧。"

就算对自己来说是已经吃惯了的便当，对客人来说也是初次体验。

如果你忘记了自己第一次吃便当时的感受，你就无法站在顾客的角度考虑问题。

如果你总是带着"我尝过这个便当，真的很好吃"的新鲜感为顾客服务，那么购买便当的顾客就会体验到和你第一次吃便当时同样的感受。

除了便当，记住最初的感觉还有其他意想不到的好处。

我永远也忘不了第一天站在店里时的不安和激动。

当时，我非常不安："这样的工作，我真的能坚持下去吗？"但在前辈细心的教导下，我完全喜欢上了我的工作。

我还可以通过努力工作获得报酬，而在此之前，我即使一直在努力工作（即在家做家务等），但作为全职家庭主妇，我得不到报酬是理所当然的。所以，只要工作就能拿钱让我非常感动。

我一直没有忘记这种感觉，所以当新的店员加入公司时，我都会温柔地对待他们，直到他们学会工作。

我希望新来的店员也能体验到和我一样的感动，所以我努力像我的前辈那样认真地教他们工作。

习惯工作是好事，但也不能放任自己的感情随之麻木。

俗话说"不忘初心"，做任何事情都要不要忘记一开始的感受。

"一定要存这么多钱！" 家庭主妇的想法成功地为公司降低了成本

当我成为管理层并开始管理成本时，我作为家庭主妇的持家经验派上了用场。

家庭主妇的存钱方法是从有限的收入中预存一定金额。

每个家庭都应该为未来的需要存下一些钱，比如孩子未来的教育保险或夫妻的退休生活。

但是，如果从每月收入中先减去生活所需的钱，再想存剩下的钱的话，你的储蓄永远不会增加。

这是因为，无论你有多少钱都是不够的。当你有钱的时候，往往就会买一些非必要的东西，或者把钱花在奢侈品上，所以存款通常都会所剩无几。

因此，聪明的家庭主妇会反其道而行之，先从收入中拿出"必须存下来的金额"，然后想方设法地用剩下的钱过日子。

我把这种思路应用到了公司的成本管理中。

公司一般会从销售额中扣除经费来算利润，而我则从预设"必须确保的利润"的角度来思考问题。

这样，成本自然就降低了。如果有了固定的经费额度，就可以彻底节约非必要事项的开支了。

另外，有的工作人员有时会说："这是总公司的费用，随便花啊。"但从家庭主妇的角度来看，这种想法是不能接受的。

不管是用自己的还是丈夫的钱，这都是我们的钱。在家里，不管是谁付都是自己家的钱，不应该浪费。

三浦式家委会活动为分担
工作理念奠定了基础

我曾积极参与孩子们的学校举办的家委会活动，这些经验对我的工作也很有帮助。

我曾经担任过家委会的班干部。

很多担任家委会成员的妈妈都会极其负责，认为"我是班级代表，我必须尽自己最大的努力"，因而往往会把所有事情都揽在自己身上，但我在家委会的工作风格却完全不同。

我的风格是让尽可能多的妈妈们参与进来，让她们每个人都做好自己的职务，这样大家就能共同让学校的活动取得成功。

例如，当我需要为学校的活动购买物品时，我一个人很难完成一个班级的所有采购工作，所以如果有妈妈愿意帮助我，我就会把这件事交给她们去做。

我确实是干部，但我一个人很难完成所有的工作。我想，若能有大家的帮助，我会轻松一些，所以我就主动把工作分配给大家。

当我和老师讨论事情时，我就把想参与讨论的所有妈妈们都带上，而不是只有干部私下谈。

我很讨厌只有某些妈妈与老师保持联络，而其他妈妈却置身事外的情况。

大家都想知道干部和老师们在谈论什么，也想和老师们分享自己的意见和点子。如果我站在其他妈妈的角度，我肯定也希望她们这样做，所以我尽可能让每个人都参与进来。

我的这种风格受到了妈妈们的欢迎。

当我的孩子从四年级升入五年级，家委会班干部随之换届时，其他妈妈对我说："三浦女士，等孩子六年级时，你也去自荐当班干部吧，你的做法既简单又有趣。"

五年级的班干部工作非常辛苦。

但是果然，其他妈妈都不乐意被排除在工作之外。

对妈妈们来说，一起参与学校的活动更愉快、更有趣。

从这次经历中，我认识到任何工作都要让每个人都参与其中，让每个人都知道该做什么，这一点非常重要。

因此，我现在仍然让我的下属和员工参与我的工作，并告诉所有员工分工合作的重要性。

当然，当时我并没有想过要与大家分担工作，我只是要求大家帮助我，因为我一个人做这些工作太难了。但对我来说，家委会活动仍然是一次非常重要的经历。

培养人才就像养育子女
——与员工谈话产生的变化

当我突然被提拔为大宫营业所所长时，我第一次遇到了需要培训员工的情况。

在上野工作时，我从未想过要培训员工。我曾有机会参加销售培训，但当时，我也没有意识到"培育优秀销售人员"的必要性。

因为我觉得自己也并未从谁那里学到了待客方法和诀窍，而是边看边模仿地形成了一套自己的待客风格。所以，我想把自己知道的东西全都教给后辈们，帮助他们尽快形成自己的待客风格，从而享受工作。

成为一名内部销售员后，我在教下属制作工作岗位表等业务时也在想："如果我把我的工作教给她，她也会更有动力吧。如果我是她，能帮忙分担重要的工作，我也会很高兴的。"

然而，我一到大宫，情况就完全变了。

我不但没有培养员工，教会他们工作，甚至连与员工的沟通都不顺利。

员工们看都不看我一眼，而我则整天对他们怒吼，试图改变他们的感受："你到底在想什么？错的明明是你啊！"

然而，别人不是你想改变就能改变的。情况非但没有好转，反而越来越糟。

直到有一天，总公司的上司对我说："三浦女士，从你擅长的事情做起吧！"我才一下子醒悟过来。

教育我的三个孩子时，我常常把这句话挂在嘴边：

"如果有人说了或做了你们不喜欢的事情，你们就认为是自己让他们这么做的吧。"

我总是这么教育他们，但我本人却把所有员工对我的态度都归咎于对方："这不是你的错吗？赶紧重做。"

我意识到，是我待人接物的态度不好，是我把他们逼成这种态度的。

我还意识到一件事。

培养员工就像养育孩子一样。

如果是自己的孩子，无论他们有多糟糕，都不能放弃。父母都希望自己的孩子成长为优秀的人，因此会认真思考自己能为孩子做些什么。

需要牢记的是，要充分表扬和发展他们的优点和长处，并及时指出他们的不足。

特别是性命攸关及违背社会公序良俗的事，一定要坚决叱责。

这是我们家教养子女的基础。我把这一点应用到了培养员工上。

员工确实能力不同，存在个人差异。

公司里并非只有工作能力很强的人。如果我们不去关照他们，发现他们的优点，他们就不会成长。

而当我能把每个人的优点都发挥出来时，团队也就能迸发出巨大的力量。

当我以这种心情对待员工时，我就能看到他们每个人身上的优点。

我可以说："××有这么好的优点，如果在这方面再努力一点，会更加出色的。"

"××你不是有这么好的优点吗，这不要太厉害哦。"

当我与员工交谈时，我常常想起："我儿子上初一的时候，我也对他说过同样的话啊。"

自从我意识到培养员工就像养育孩子，只要做我至今为止一直在做的事情，我就感觉轻松多了。

一位养育了三个孩子的家庭主妇积累的经验，也能为管理职员、培养人才贡献重要的力量。

光表扬是不够的！不指出缺点，人就不会成长

　　最近的日本有一种"表扬式教育"的倾向，人人都异口同声地重复着"要多表扬"。

　　不知道是不是因为这种趋势，我觉得公司里几乎没有人能够"说该说的话"。

　　即使是我在上野做钟点工的时候，也没有员工能提醒年轻的打工女孩要注意穿着。

　　因此，在店内迎客的打工女孩们都有着个性鲜明的发色、发型、美甲、妆容等。

每当她们这样做时，我们这些钟点工就不得不警告她们。

"你不能在店里穿成这样。"

"把头发盘起来。"

"指甲要剪短。"

"××，你的脸很漂亮啊，所以好好化妆吧，让自己看起来更漂亮点。顾客更喜欢看到漂亮的小姐姐啊。"

她们肯定觉得我是个啰唆的阿姨。我们本来也不想说任何会招致厌恶的话。

这些话，本该是由把她们培养成销售人员的员工来说的。

如果你能在她们做错的时候适当提醒，那么她们偶尔受到表扬时就会很高兴。为了得到更多的表扬，她们会在工作中更加努力。这样，她们才会成长为优秀的销售人员。

如果你只表扬，她们就永远不会成长。

正如教育家所言，"孩子要表扬才能长大。"但没有家长是光靠表扬来培养孩子的。

如果孩子冲到车道上，就要打他屁股。通过这样的责骂，孩子们才能学会什么事情不能做，并逐渐成长起来。

　　培训员工时也是如此。如果不在他们犯错的时候予以应有的批评，他们就不会朝着正确的方向成长。

摸清工作人员个性的沟通方法

自从产生了"员工就像孩子"的观念后，我对待员工的方式也发生了巨大的变化。

每个孩子都有不同的个性。

有的孩子能马上理解你说的话，而有的孩子则需要时间才能理解。对于有的孩子，你可以直言不讳；而对于一些孩子，你则需要考虑措辞和时机，才能让他们接受。

因此，我会因工作人员的个性而采用不同的措辞。

例如，当我想提醒同一件事时，对于一类员工，我会不假思索地斥责道："你在想什么啊，你是员工啊，这样做是理所当然的。"而对于另一类员工，我则会挑选时机，在有意无意间进行提醒。

我也并没有特别考虑对哪个员工使用什么样的话语。如果你经常与工作人员交谈，就会逐渐了解他们的性格和思维方式，你与他们说话的方式也会自然而然地发生变化。就好像是他们的性格在自然地引导我选择使用适合他们的话语。

当然，你不可能一上来就摸清一个人的个性。

如果是初次见面，你可能需要一个多月的时间来了解对方的性格。只靠表面的交流并不能了解一个人的真实性格和思维。必须花一些时间来观察那个人。

这是我从大宫的错误中吸取的教训。

如果我将来要换部门，我会在第一个月静静观察分析员工。

我会在看清了员工的个性后，再尝试用最能表达自己想法的方式与每位员工沟通。

与员工的顺利沟通并不是一蹴而就的。采取适当的步骤一步一步接近，才是真正的捷径。

由钟点工和兼职人员组成的社会
即将到来

至今为止，人们还认为男人外出工作是理所当然的。许多男人会想："我工作是理所当然的。想什么时候工作，想工作多久都由我决定。"

但我认为这种时代即将结束。

由于很多男人身上都承担着照顾父母的问题，能够不受限制地工作的人肯定会越来越少。

实际上，在我被调到大宫的前一周，我的母亲就因为脑梗死而倒下了，我每周都会准时下班一次，回家照顾她。

幸好有年迈的父亲和妹妹的理解与配合，我才能胜任所长的重任。但如果身边没有热心帮忙的人，在当今的日本社会连正常工作都很困难。

我认为，今后日本必须从社会结构和企业运营方式上进行变革。

到那时，支撑起日本社会和企业的将会是钟点工和兼职人员的劳动力。

届时，许多企业都会解雇不能全天工作或不能加班的员工，而聘用能够胜任工作的钟点工和兼职人员，并正当评价他们的能力。

如果这样的话，那些告别育儿时光的家庭主妇也会有一条出路。

即使没有轰轰烈烈的职场经历，只要每天为家庭做好家务，把孩子培养成一个出色的人，就一定能做好工作，得到公司的认可。

重要的是，在做家庭主妇和养育孩子的过程中，要始终怀着对某种事物的执着，一边不断磨炼自我。

这种事物可以是家务，也可以是孩子学校的家委会活动，还可以是兴趣爱好等。

　　只要你有擅长的事，当你跳入一个新世界时，就可以从你擅长的地方做起。只要你有自信认为"在这件事上，我是专业的"，就能挑战各种东西，也就能做出好工作。

"妈妈的第一份工资1997年5月15日"——感谢我的大女儿保留着我5 000日元的第一份工资

现在回想起来，我之所以能在44岁时开始做车站便当销售钟点工，多亏了当时正在读大一的大女儿。

"你不要游手好闲了，为什么不去试着找份工作呢？"

她的说法看似十分随意。也许是我"想出去工作"的愿望被她察觉了吧。

也许，我对进入家庭后从未出去闯荡过的不满，以及只有自己一人被甩在后面一事无成的焦躁感早就在孩子们面前表现了出来，而我自己却浑然不觉。

事实上，大女儿对我说：

"妈妈，你看起来并不幸福，我觉得工作可能就是你的天性。我不想看到你那样无聊的样子。"

因此，我开始外出工作后，大女儿比任何人都更高兴。

她在书桌垫子下夹着的新渡户稻造^①5 000日元纸币就是最好的证明。

图片：零花钱——来自妈妈的第一份薪水

———————————

① 新渡户稻造：日本教育家、思想家。

我于 1997 年 3 月底开始工作，5 月 15 日领到了约 7 万日元的第一笔工资，并给了三个孩子每人一张 5 000 日元纸币。

　　她至今还把那张 5 000 日元纸币夹在桌垫下面。

　　此外，纸币上还用铅笔写了小字："妈妈的第一份工资 1997 年 5 月 15 日。"

　　我们家不给大学生零花钱，所以大女儿平常也没有那么多钱。这 5 000 日元肯定有很多花法。

　　尽管如此，大女儿并没有花掉我的第一笔工资，而是把它作为珍贵的纪念品保存了下来。

　　当我发现它时，我十分感动。因为她是真的为我着想，为我工作而感到由衷的高兴。